JN199865

新しい民法と保険実務

弁護士法人 大江橋法律事務所
嶋寺 基 編著

HM 保険毎日新聞社

▶はしがき

民法の債権法に関するルールが、民法制定以来120年ぶりに全面的に改正され、令和2（2020）年4月1日から施行されます。

民法はあらゆる法律関係の基礎であるにもかかわらず、これまで長い間、抜本的な改正が行われてきませんでした。その背景には、裁判所によりさまざまな判例法理が確立され、また解釈論により条文の文言が補われてきたことが大きく寄与していると思われます。

しかし、このことは、民法の文言と実際の適用関係との間に大きなかい離を生み、民法は次第に一般人にとってわかりにくい法律となってしまいました。また、その間の社会経済情勢の変化に伴って、現在の実務と適合しない規定が徐々に増えてきて、いつしか民法は今の時代に合わない法律になっていました。

このような背景から、債権法改正の議論においては、従来の判例法理の明文化や、解釈論を踏まえた規定の見直しが検討されることになりましたが、同時に、新たなルールの導入についても活発に議論が行われました。

そのうち、保険業界にとって大きな影響が懸念されたのが、約款の組入れ要件の問題でした。最終的に設けられた定型約款の規定は、必ずしも現在の実務を大きく変更するものではありませんが、従来、法律に明確な根拠がなかった約款ルールについて民法が新たに規定を設けたことは、今後の保険約款のあり方や約款規定の解釈に、少なからず影響が生じるものと考えられます。

また、法定利率の変動制の導入と、中間利息の控除率の変更は、特に損害保険の実務に大きな影響を及ぼす結果となりました。具体的には、賠償責任保険等における支払保険金の増加や、保険金支払システムの見直しなど、保険会社にとって大きな負担につながる改正となっています。ほかにも、保証制度や時効制度の見直しなども行われており、代理店委託契約、賃貸借契約、自賠責等を含めた保険会社の実務に広く影響が生じることとなりました。

保険業界の一部には、今回の債権法改正が従来の実務に与える影響は少ないとの見方もありますが、約款の改定だけでなく、申込書等の帳票類の見直しや各種の契約書、業務フローの変更、マニュアルの修正等に至るまで、さまざまな準備が必要となる点には注意が必要です。

本書では、今回の債権法改正により、保険会社の実務に影響が生じる可能性のある規定を取り上げ、その改正内容と実務への影響を解説していますが、それだけにとどまらず、実質的な改正が行われていない規定についても、実務上知っておくべき重要な解釈や裁判例に言及することで、広く民法と保険実務との関係を理解するのに役立つように心がけました。そのため、本書は、新しい民法の施行準備のためだけでなく、施行後の実務においても、民法の適用が問題となる場面で幅広く参照していただける内容となっています。

本書の執筆にあたっては、弁護士法人大江橋法律事務所のメンバー7名で分担して執筆を行いました。実際の相談事例を参考に、全員で何度も議論を重ね、特に実務上の関心が高い事項について、バランスのとれた結論を導くよう意識して執筆を行っています。また、改正点のポイントがわかりやすいように、見出し部分に、【新設】(新たに規定が設けられたもの)、【変更】・【一部変更】(規定の内容が(一部)変更されたもの)、【明確化】(従来の解釈を明確化したもの)などの表記を行うことにしています。さらに、債権法の改正に続いて行われた民法の相続法のルールの改正についても、保険実務に影響が生じる可能性のある改正点が含まれるため、その概要を解説することとしています。

なお、本書で民法の条文を引用する際には、債権法および相続法の改正前の旧法を「旧民法」、改正後の新法を「新民法」とし、改正の前後で規定の内容に変更がないものは、単に「民法」と表記することにしています。

最後に、本書の刊行にあたっては、株式会社保険毎日新聞社の井口成美氏に、本書の企画の提案から最終的な原稿のチェックまで多大なご尽力いただきました。この場を借りて感謝を申し上げます。

令和元年5月1日

執筆者を代表して

弁護士　嶋寺　基

▶凡　　例

1　法令名等の略記

新民法	民法の一部を改正する法律（債権法改正）（平成 29 年法律第 44 号）および民法及び家事事件手続法の一部を改正する法律（平成 30 年法律第 72 号）によって改正された民法
附則	民法の一部を改正する法律（平成 29 年法律第 44 号）附則
整備法	民法の一部を改正する法律の施行に伴う関係法律の整備等に関する法律（平成 29 年法律第 45 号）
旧民法	平成 29 年・平成 30 年改正前民法
旧商法	平成 29 年改正前商法
自賠法	自動車損害賠償保障法

2　文献等の略記

一問一答	筒井健夫＝村松秀樹『一問一答　民法（債権関係）改正』（商事法務、2018 年）
村松＝松尾・定型約款の実務 Q&A	村松秀樹＝松尾博憲『定型約款の実務 Q&A』（商事法務、2018 年）
山下・保険法(上)	山下友信『保険法(上)』（有斐閣、2018 年）
山下・保険法	山下友信『保険法』（有斐閣、2005 年）
萩本・一問一答保険法	萩本修編著『一問一答　保険法』（商事法務、2009 年）
潮見ほか・詳解改正民法	潮見佳男＝千葉惠美子＝片山直也＝山野目章夫編『詳解　改正民法』（商事法務、2018 年）
我妻ほか・コンメンタール民法	我妻榮＝有泉亨＝清水誠＝田山輝明『我妻・有泉コンメンタール民法―総則・物権・債権―〔第 5 版〕』（日本評論社、2018 年）
新版注釈民法(3)	川島武宜＝平井宜雄編『新版注釈民法(3)』（有斐閣、2003 年）

新版注釈民法⑽ I	奥田昌道編『新版注釈民法⑽ I』(有斐閣、2003年)
新版注釈民法⑽ II	奥田昌道編『新版注釈民法⑽ II』(有斐閣、2011年)
新版注釈民法⒀	谷口知平＝五十嵐清編『新版注釈民法⒀〔補訂版〕』(有斐閣、2006年)
部会資料	民法（債権関係）部会資料
中間試案	「民法（債権関係）の改正に関する中間試案」
中間試案（概要付き）	「民法（債権関係）の改正に関する中間試案（概要付き）」

3　判例表示および判例集等の略記

最判（決）平成24年3月16日 民集66巻5号2216頁	最高裁判所平成24年3月16日判決（決定）最高裁判所民事判例集第66巻第5号2216頁
民録	大審院民事判決録
判決全集	大審院判決全集
民集	最高裁判所民事判例集
集民	最高裁判所裁判集民事
判時	判例時報
判タ	判例タイムズ
金法	旬刊金融法務事情
交通民集	交通事故民事裁判例集
損保研究	損害保険研究

▶目　次

Ⅲ 契約の成立プロセスに関する改正 43

IX 各種の契約に関する改正 177

X 相続法に関する改正の概要 197

XI　新民法の施行に向けた準備　211

I

保険分野における民法改正の意義

1　民法と保険実務の関係

保険の実務において、「民法」の存在を意識することはほとんどないと思います。しかし、実際には、保険の実務は民法のルールをベースに動いており、知らないうちに民法は保険の実務に深く浸透しています。

では、なぜこれまで民法の存在はあまり意識されてこなかったのでしょうか。その理由としては、基本的に民法が、一定の行為を禁止したり、罰則を定めたりする法律ではないという点にもありますが、むしろ、民法のルールと異なる実務が行われていたとしても、そのことに保険契約者等が気づかず、実際にトラブルになっていないだけであるという部分が大きいと思われます。

しかし、たとえば、生命保険の約款における保険料不払いによる失効条項について、東京高裁は、民法の債務不履行による解除の規定よりも消費者である保険契約者の権利を制限しているとしたうえで、信義則に反して消費者の利益を一方的に害するものとして当該条項を無効と判断しました[1)]。

この高裁判決を受け、生命保険業界には衝撃が走りました。その後の最高裁判決において、はがき等により失効前に払込みの督促を行う態勢を整え、その運用が確実に行われているのであれば無効とはならないと判断されたことから、実務へのインパクトは避けられたものの、これは民法と保険約款との関係を意識することの重要性を痛感させられる出来事であったといえます(新民法と失効条項との関係については、後記Ⅵ参照)。

また、別の例を挙げれば、保険法施行前に締結された生命保険契約が中途解約された場合に、残りの保険料期間の保険料を返還しないことが民法の不当利得にあたるとして、保険会社に日割りによる未経過保険料の返還義務を認めた裁判例もあります[2)]。その後の控訴審判決において、約款の解釈として未経

1）東京高判平成21年9月30日判タ1317号72頁。
2）富山地高岡支判平成24年4月6日ウエストロー2012WLJPCA04066002。

過保険料を返還しないことにつき法律上の原因があると認められるとして、不当利得には該当しないとの判断がされたものの[3]、ここでも民法と保険約款との関係が問題となり、実務への大きなインパクトが懸念される出来事であったといえます。

このように、長年にわたり、当たり前のように使用されてきた約款の条項や実務の運用が、民法の規定と異なる取扱いであることを理由に問題視され、それが訴訟に発展し、従来の実務における解釈や、学説における通説的見解とも異なる判決が出されるという事態が生じています。民法が保険の実務に深く浸透しているからこそ、いったん民法との関係で問題が生じると、保険約款が無効とされたり、過去に遡って保険料の返還義務が認められたりするなど、保険会社や共済団体に深刻な影響が及ぶ可能性もありますので、改めて保険実務と民法との間には密接な関係があることを意識すべきであるといえます。

3）名古屋高金沢支判平成25年6月12日ウエストロー2013WLJPCA06126008。最高裁も控訴審の判断を支持しました。

2　民法改正による保険実務への影響

上記のように、民法は保険の実務に大きな影響がありますが、今般、その民法のうち、債権法に関するルールが120年ぶりに改正され、2020（令和2）年4月1日から施行されます。

「債権法」とは、民法における債権や契約に関するルールを総称するものですが、今回の改正は、意思表示や消滅時効、法定利率、損害賠償額の算定における中間利息の控除等も含めた、幅広い民法のルールを改正するものであり、保険契約をはじめとする保険会社の業務に関連する数多くの規定が改正されています。そのため、保険会社や共済団体としては、今回の法改正に適切に対応することが求められるのは当然のことですが、民法改正の影響はそれだけにとどまりません。

前述の訴訟事案のように、民法の規定と保険約款や保険実務との関係が問題となる場面は、潜在的な可能性も含めると、極めて広範に及ぶものといえます。今回、120年ぶりに民法の債権法に関するルールが改正され、世間で民法が注目されることになると、今回改正の対象にならなかった規定も含めて、現在の保険約款との関係や、現場での運用との関係が改めて問題となり、保険契約者等からの問合せやクレームが増えることが予想されます。

また、近時では、保険実務に関するさまざまな問題について、消費者団体から各保険会社に対して、保険約款の条項やその運用に関する質問や申入れが書面で行われ、その結果が消費者団体のホームページ等で公表されています。そこでは、民法や消費者契約法との関係で、保険実務の問題点が指摘されることが多く、訴訟やADR等の紛争の場面だけでなく、世間からの指摘や評価も含めた広い意味で、法律との整合性が問われる時代になっているといえます。

したがって、今回の民法改正を機に、改めて民法の規定と現在の実務との関係を検証し、潜在的なリスクを早期に発見したうえで、より法的安定性の高い方向に改善していく姿勢が重要であると思われます。

　このような視点から、本書では、今回の民法改正によりルールが変更された規定だけでなく、従来の解釈が明確化されたものや、潜在的に問題となりうる規定も含めて、広く民法と保険実務との関係を取り上げることとしています。

3 保険法と民法との関係

今回の民法改正を理解するうえで、もう1つ重要な点は、保険法と民法との間に密接な関係があるという点です。

保険法は民法の特別法であるため、保険法に規定があるものは、民法の規定よりも優先して適用されることになります（いわゆる特別法と一般法の関係）。しかし、より重要なことは、保険法は、民法との重複を避けるために、「民法のルールに従えばよいものは、あえて保険法に規定を設けない」というスタンスで立法されており、保険法は常に民法と一体で解釈しなければならないという点です。

たとえば、保険法では保険給付の履行期の規定（同法21条、52条および81条）が設けられていますが、そこでは「保険金の支払期限はいつか」が定められているのみで、期限を過ぎた場合の効果については何も規定がありません[4]。これは、期限を過ぎた場合は遅滞の責任を負うという民法412条の規定や、その場合には法定利率に基づく遅延損害金を支払わなければならないという民法419条1項の規定と一体となって、保険会社が保険金請求権者に対して遅延損害金を支払う義務を負うという法的効果を生じさせています（新民法における遅延損害金については、後記Ⅴ参照）。

また、別の例を挙げれば、保険法の消滅時効に関する規定について、保険法の制定時には、「保険給付を請求する権利……は、3年間行わないときは、時効によって消滅する」と規定し、保険法ではその期間がいつから起算されるかが定められていませんでした（同法95条1項）。これは、今回の改正前の民法において、「消滅時効は、権利を行使することができる時から進行する」（旧民

4）保険法における保険給付の履行期の規定については、萩本・一問一答保険法69頁以下を参照。

法166条1項）と規定されていたことから、その規定と一体で解釈することを前提に、あえて保険法では時効の起算点が規定されなかったものです[5)]（新民法における消滅時効については、後記Ⅳ3参照）。

このように、保険法と民法は一体として解釈することが想定されているため、今回の改正によって民法のルールが変更されたことに伴い、保険法のルールにも影響が生じる可能性がある点には注意が必要です。一例を挙げれば、告知義務違反による解除に関して、保険会社からの解除通知も意思表示であることから、意思表示に関する民法の規定が適用される結果、①解除通知の時点で保険契約者が意思無能力の場合には解除の効力発生を対抗できない（意思表示の受領能力）、②除斥期間内に解除通知が保険契約者に到達しなければ効力を生じない（到達主義の採用）、③ただし保険契約者が解除通知の到達を妨げた場合には到達したものとみなされる（到達妨害の明確化）など、新しい民法のルールが適用されることになります（詳細は後記Ⅲ参照）。これらは、直ちに従来の保険実務に影響を及ぼすものではありませんが、保険契約者やその家族から解除通知の有効性を争われたり、クレームを受けたりする可能性があるため、保険法の各規定の趣旨を踏まえつつ、新しい民法のルールに沿った解釈・運用を行うことが重要になります。

5）萩本・一問一答保険法212頁。なお、後述するとおり、今回の民法改正に伴う整備法により、保険法95条の規定は一部改正されています。

4　保険実務に影響のある主な改正点

今回の民法（債権法）改正の内容は多岐にわたりますが、そのうち、保険会社や共済団体の実務に影響のある主な改正点としては、以下のような規定が挙げられます。

①　定型約款（Ⅱ）
②　錯誤（Ⅲ[2]）
③　意思表示の効力発生時期（Ⅲ[3]）
④　申込者の死亡（Ⅲ[5]）
⑤　相殺（Ⅳ[2]）
⑥　消滅時効（Ⅳ[3]）
⑦　法定利率（Ⅴ[2]）
⑧　中間利息の控除（Ⅴ[4]）
⑨　契約の解除（Ⅵ）
⑩　保証（Ⅷ）

もっとも、これらの規定以外にも、実務に直接の影響はないものの、保険契約の実務に関わるさまざまな規定について、判例や解釈の明確化が行われているものがあるほか、保険契約以外の保険会社の業務（たとえば企業への貸付け、不動産の賃貸借、業務委託契約等）に関わる規定について改正が行われている点もありますので、保険会社や共済団体への民法改正の影響を正しく理解するためには、これらの点も含めて改正点をチェックしておく必要があります。

そこで、本書では、上記の各規定のほか、意思能力に関する規定、弁済に関する規定、債権の譲渡や質入れに関する規定、消費貸借・賃貸借等に関する規定についても、新民法のポイントを取り上げることとしています。

また、2018（平成30）年に行われた相続法の改正についても、その概要を取り上げています。

II

約款に関する改正

1 定型約款

1．はじめに

保険契約は、保険会社（保険者）と保険契約者との間の契約（取引）ですが、保険契約には、通常、「普通保険約款」や「特約」、「特別約款」といった名称の「約款」が使用されています。一般に、保険契約には大数の法則が適用されるため、契約内容を画一的に定める必要性があることに加え、契約内容が極めて詳細であり、項目も多岐にわたるため、保険会社と個々の保険契約者との間で、一から契約内容について協議を行い、個別に内容を定めていくことは現実的ではありません。そのため、保険実務においては古くから「約款」が使用されており、保険業法等の監督規制においても、「約款」の存在を前提としたルールが数多く設けられています。

また、保険以外の分野においても、インターネット上の取引や通信に関する取引をはじめとして、企業が個人または企業との間で「約款」を用いて契約（取引）を行うことが広く行われており、すでに「約款」は国民生活に欠かせない存在となっています。

ところが、こうした世の中の状況にもかかわらず、これまで旧民法には、「約款」に関する規定がなく、「約款」の法的な位置づけやその拘束力の根拠が必ずしも明確ではありませんでした。そのため、特に、企業が「約款」を交付していなかった場合や「約款」の規定があいまいである場合には、「約款」の有効性をめぐって当事者間で争いになることも、しばしばありました。

そこで、新民法では、「定型約款」という定義を新たに設けて、「約款」に関するルールを新設しており、これは新民法の“目玉”の１つでもあります。本項では、保険の分野では比較的馴染みの深い「約款」について、新民法がどのようなルールを設けているか、それが保険実務にどのような影響を及ぼすかを知っていただくために、主に以下の点について説明します。

① 「定型約款」規定が新設された背景と目的
② 新民法が適用される「定型約款」とは何か（定型約款の定義）
③ どのような場合に「定型約款」の条項に合意したとみなされるか（みなし合意）
④ 「定型約款」を用いて取引を行う場合にどのような手続をとらなければならないか（表示義務）
⑤ どういった条項について、当事者間での合意が否定されるか（不当条項）
⑥ 「定型約款」の内容を変更するにはどのような方法をとればよいか（変更要件）

2．定型約款規定の新設の背景と目的

(1) 現代社会における約款取引

現代社会では、大量の取引を迅速かつ安定的に行うために、事業者が「約款」と呼ばれる契約条項の集合体（総体）をあらかじめ準備し、利用者（契約の相手方）がその「約款」に基づいて取引を行うことを承諾する、あるいは承諾したものとみなす形での取引が、幅広く行われています。鉄道に関する「運送約款」や電気に関する「電気供給約款」、スマートフォンに関する「通信サービス契約約款」、インターネット上の取引におけるさまざまな取引約款などはその典型例です。

(2) 約款取引と個別条項の関係性

「約款」取引の特徴の1つは、利用者（契約の相手方）が「約款」に記載された個別の条項を具体的に認識していることを前提としていないことです。そのため、「約款」取引においては、利用者の多くが、契約を締結する時点で、「約款」に記載された個別の条項を認識していないのが実情です。

「約款」取引の特徴としては、個別の条項の変更に関する特殊性もあります。「約款」は継続・反復的な取引で用いられることが多いため、「約款」取引の開始後に法令の変更や経済環境の変化等によって、「約款」の内容を途中で変更

する必要が生じることがあります。通常の取引であれば、そうした変更については、当事者同士で都度合意をして契約内容を変更します。

しかし、「約款」取引においては、大量の取引相手から個別に同意をとることは現実的ではなく、一方で、すべての取引を画一的に扱う必要性もあることから、取引相手の同意なしに一律に内容を変更できるようにするというニーズがあります。実際、事業者が一方的に内容を変更することができる旨の条項を設けている「約款」もみられます。

⑶　新民法における定型約款規定の新設

民法の原則では、契約の当事者は、契約の内容を自ら認識し、これを承諾する旨の意思表示を行ってはじめて、当該契約に拘束される（その契約の適用を受ける）とされています。こうした民法の原則からすれば、上記で述べたような、本人が認識していない「約款」による取引や「約款」の内容変更がなぜ有効になるのかという疑問は当然のことともいえます。実際、旧民法の下においては、「約款」の有効性等をめぐり、多くの裁判が行われてきました。

新民法では、こうした問題を解決し、「約款」取引の法的安定性を確保するために、定型約款に関する規定が新設され、定義や「みなし合意」の成立要件、事業者の表示義務、不当条項の除外規定、変更要件等が定められました。

３．定型約款とは何か（定義）【新設】

⑴　新民法の規定

新民法は、同法のルールが適用される「約款」の範囲を明確にするため、新民法548条の2第1項において、次のように定めています。

> **（定型約款の合意）**
> **第548条の2**
> 1　<u>定型取引（ある特定の者が不特定多数の者を相手方として行う取引であって、その内容の全部又は一部が画一的であることがその双方にとって</u>

合理的なものをいう。以下同じ。）を行うことの合意（次条において「定型取引合意」という。）をした者は、次に掲げる場合には、定型約款（定型取引において、契約の内容とすることを目的としてその特定の者により準備された条項の総体をいう。以下同じ。）の個別の条項についても合意をしたものとみなす。
（以下略）

同条項によれば、「定款約款」とは、以下の契約条項の総体を指します（また、①と②の要件を満たす取引を「定型取引」といいます。定型取引も新民法で新設された概念です）。

① ある特定の者が不特定多数の者を相手方として行う取引であって、
② その内容の全部または一部が画一的であることがその双方にとって合理的なものにおいて、
③ 契約の内容とすることを目的としてその特定の者により準備された条項の総体

後述するとおり、新民法の定型約款に該当すると、合意に関する規制（みなし合意）、事業者の表示に関する規制（表示義務）、不当な条項に関する規制、内容の変更に関する規制等が適用されます。これに対し、定型約款に該当しない場合には、新民法の意思表示や契約に関する一般的な規制が適用されるにとどまります。

そのため、新民法の下における契約実務においては、まずは問題となる「約款」が新民法の定型約款に該当するかどうかを正しく理解する必要があります。

(2) 定型約款の該当例・非該当例

保険契約について触れる前に、少しイメージを持っていただくために、定型約款に該当する例と該当しない例をいくつか挙げておきます。

(i)　定型約款に該当する例

一般に、定型約款にあたる例としてよく挙げられるものとしては、上記2.で挙げた鉄道の旅客運送取引における運送約款や電気供給契約における電気供給約款、スマートフォンの通信サービス契約約款のほか、銀行の普通預金規定、宅配便契約における運送約款、インターネット取引における物品購入約款、インターネットサイトの利用規約、市販のコンピュータソフトウェアのライセンス規約などがあります[1)]。

留意していただきたい点は、「不特定多数の者を相手方として行う取引」という要件について、ある「約款」に契約当事者を限定するような条件がある場合であっても、それだけで不特定性が否定されて定型約款にあたらなくなるわけではないということです。たとえば、女性限定の契約や○○関係団体限定の契約などのサービス契約についても、それだけで相手方の個性を重視する取引であるとはいえませんので、不特定多数の要件を満たします[2)]。後述する保険契約においても同様です。

(ii)　定型約款に該当しない例

多数を相手方とする取引に関する契約の条項であっても、必ずしも新民法上の定型約款に該当するわけではありません。後述する保険契約においても重要な点です。

(a)　契約者と個別に協議・合意した場合も定型約款にあたる？

新民法上の定型約款にあたるためには、①「ある特定の者が不特定多数の者を相手方として行う取引」である必要がありますが、この要件は、相手方の個性を重視せずに多数の取引が行われる場面を想定しているといわれています。相手方の個性に合わせて取引を行うのであれば、「約款」によって迅速・安定的な取引を行う必要性が乏しいからです。

たとえば、労働契約や事業者間の取引基本契約では、いわゆる「ひな型」に

1）一問一答246頁。
2）一問一答244頁。

おいて基本的な契約内容が定められ、これをもとに当事者間で協議が行われている場合が少なくありません。しかし、労働契約にしても事業者間の取引基本契約にしても、「ひな型」を用いてそのまま契約をするのではなく、「ひな型」の内容をベースにして、契約ごとに当事者間で契約内容（たとえば労働条件や取引条件等）を協議し、内容を確定していくのが通常です。これらの契約は、まさに契約相手方の個性に着目した内容として締結されるものですので、「不特定多数の者を相手方として行う取引」にはあたりませんし、「その内容の全部又は一部が画一的であることがその双方にとって合理的なもの」ともいえませんので、定型約款ではないと考えられています。

(b) 「約款」の一部だけが定型約款にあたるなんてことも？

では、少しでも当事者間で協議をして個別に内容を定めていれば、その契約条項はすべて定型約款にあたらないのでしょうか。

そうではありません。新民法548条の2が、「定型約款」の要件として、「その内容の全部又は一部が画一的であることがその双方にとって合理的なもの」と定めているとおり、新民法上は、契約条項の一部が個別的なものであったとしても、その他が画一的であれば、画一性の要件を満たします。そして、それが画一的であることが当事者双方にとって合理的である場合には、個別的な条項を除く部分が定型約款に該当することになります。定型約款の趣旨からすれば、契約条項の大半が個別的である場合には、残りの部分も定型約款とはいえないと思われますが、契約の重要な部分が画一的であれば、その他の部分について個別的なものがあったとしても、画一的な部分は定型約款に該当すると考えてよいでしょう[3)]。

(3) 保険実務における定型約款該当性と非該当性

それでは、保険実務において、どのようなものが定型約款に該当し、どのようなものが該当しないのでしょうか。以下では、個人保険、企業保険（団体保険）、共済等の種類ごとに分けてみていきます。

3）村松＝松尾・定型約款の実務Q&A 33頁～34頁。

(i)　個人保険

個人保険における「普通保険約款」は、まさに、不特定多数の契約者を相手方として契約を締結し、保険約款に沿った画一的処理が行われる取引に関する条項の総体として保険会社が準備したものですので、定型約款に該当します。

個々の「特約」も、契約者ごとに付帯するかしないかを選択することになりますが、条項の内容は画一的なものであって、相手方の個性を重視したものではありませんので、定型約款に該当します。

(ii)　企業保険（団体保険）

企業保険（団体保険）に関しては、何が定型約款にあたり、何が定型約款にあたらないのかについて、少し議論があります。

商品によっても異なりますが、企業保険においては、企業や団体が保険契約者となり、保険約款だけでなく、相手方の企業や団体ごとに作成される「協定書」を用いて契約が行われる例が多くみられます。このうち、普通保険約款や汎用の特約が定型約款にあたることについてはあまり異論がありません。これに対し、協定書は、保険契約者ごとに内容を定めることを前提としており、「不特定多数の者を相手方として行う取引」とはいいがたいため、定型約款には該当しないと考えるべきでしょう。

もっとも、損害保険においては、個々の企業のニーズに応じたオーダーメイド型の「約款」も存在し、これらは「不特定多数の者を相手方として行う取引」とはいえないことから、例外的に定型約款には該当しないと考えられます。

(iii)　共済

共済約款や生活協同組合の共済事業規約についても、基本的には一般の保険約款と同様に考えてよいと思われます。ただし、共済事業規約は消費生活協同組合法施行規則において記載事項が法定されており、その中には、「共済掛金及び責任準備金の額の算出方法に関する事項」のような契約内容を定める条項以外のものも含まれています。そのため、共済事業規約のうち、これらを除いた契約内容を定める条項のみが定型約款に該当するものと考えられます。

また、事業規約だけでなく、事業細則によって契約内容を定めている場合もあり、この場合は、事業細則も含めて定型約款に該当すると考えられます。団体によっては、事業規約と事業細則、さらには内規（下記(iv)参照）に分かれて契約内容が定められている場合がありますので、民法改正を踏まえた対応としては、これらの関係性を整理し、契約内容に関するものは規約または細則に、事務処理の運用基準は内規に定めるという形で、各書類の改定を行うのが望ましいでしょう。

(iv) 内規

保険実務においては、いわゆる「内規」（認定要領や査定基準など名称はさまざまです）によって事務処理の運用基準を定めている場合があります。この場合の内規については、定型約款には該当しないと考えるのが一般的です（したがって、後述する各種規制の対象にはなりません）。

もっとも、契約当事者の権利義務関係について、「約款」の中で「当社の定める○○により」などと規定したうえで、内規において実質的な権利義務関係を定めている場合には、例外的に、内規も定款約款に該当すると判断される場合があります。たとえば、保険金の支払いに関して、「○○の場合には当社の定める割合で保険金を支払います」などの規定がある場合、この保険金の支払割合に関する内規は、被保険者（保険金受取人）の請求権の内容を定めるものであるため、定型約款に該当すると判断される可能性があります。そのため、このような内規が定型約款に含まれないようにするためには、「約款」自体に内規で定める基準を明記することが考えられます。

(v) 付帯サービスに関する規定

保険実務においては、保険契約に付随してさまざまな付帯サービスを無償で提供し、これらのサービスに関連する利用規約等が作成されることがあります。代表的な付帯サービスとしては、自動車保険に付帯されるロードサービス（レッカーサービス等）や火災保険に付帯される住宅に関するサービス（水回りトラブル対応サービス等）、生命保険に付帯されるメディカルサポートサービス

（メンタルケアサポート等）があります。その他、対象レストランでの割引など各種保険の契約者優待サービスもあります。

これらのサービスの提供に関する利用規約等は位置づけがさまざまですので、定型約款に該当するかどうかは一概にはいえませんが、そもそも無償のサービスであれば「取引」とはいえないため、定型取引に関して定める定型約款には該当しないと考えることが可能です。他方で、これらの付帯サービスが保険契約における保障（補償）内容と密接に関連している場合には、一体として定型取引とみなされ、その利用規約等も定型約款にあたると解釈される可能性があります。

そこで、実務的な対応としては、各種の付帯サービスを一覧にして整理し、保険契約と一体のものといえるかどうかに応じて定型約款該当性を判断し、後述する各種規制の対象となるものとならないものを区別して管理するのがよいでしょう。また、あくまで契約者へのサービスとして提供されるものであって、サービス提供の内容を確約するものでない前提であれば、そのような性格のサービスであることを明確にするために、当該サービス利用規約やパンフレット等に、「○○は無償のサービスであり、予告なくその内容を変更し、またはサービスの全部または一部の提供を中止することがあります」などと記載しておくことが有益です（これにより定型約款該当性を否定しやすくなります）。

4. 定型約款の成立——みなし合意　【新設】

(1)　旧民法の下での「約款」の合意

2. でも述べたとおり、民法の原則によれば、契約の当事者は、契約の個別の条項の内容を認識して意思表示をしなければ契約に拘束されないことになります。

しかし、「約款」による取引においては、契約当事者の多くは個別の条項を認識していないことが多いことから、「約款」の有効性がたびたび問題となってきました。その中で、旧民法の下での判例においては、「約款」による契約の成立要件について、個別の条項の内容を認識していなくても、特定の「約款」

によることの合意があれば、原則としてその条項が契約の内容となると解されてきました[4]。同判例は、火災保険約款中の免責条項の効力が争われた事案において、免責条項の有効性を肯定したものです。この古い判例については、さまざまな解釈や批判等もあるところですが、「約款」の内容を認識していなかったとしても「約款」を契約内容とすることを推定するという判断をした判例であると考えられています。

(2) 新民法の規定

(i) 新民法における判例法理の明文化

新民法における定型約款に関する規定は、基本的には上記判例の判断に則って、その内容を明文化したものといえます。新民法の下で、契約当事者が各契約条項の内容を認識していなかったとしても、定型約款の個別の条項について合意したとみなされる場合（みなし合意）は、次のとおりです。

（定型約款の合意）
第548条の2
1　定型取引（ある特定の者が不特定多数の者を相手方として行う取引であって、その内容の全部又は一部が画一的であることがその双方にとって合理的なものをいう。以下同じ。）を行うことの合意（次条において「定型取引合意」という。）をした者は、次に掲げる場合には、定型約款（定型取引において、契約の内容とすることを目的としてその特定の者により準備された条項の総体をいう。以下同じ。）の個別の条項についても合意をしたものとみなす。
①　定型約款を契約の内容とする旨の合意をしたとき。
②　定型約款を準備した者（以下「定型約款準備者」という。）があらかじめその定型約款を契約の内容とする旨を相手方に表示していたとき。
2　（略）

同条項によれば、定款約款の当事者は、以下の場合に、定型約款の各条項に合意したものとみなすとされています。

4）大判大正4年12月24日民録21輯2182頁。

> ①　定型約款を契約の内容とする旨の合意をしたとき、または
> ②　定型約款を準備した者があらかじめその定型約款を契約の内容とする旨を相手方に表示していたとき

(ii)　みなし合意要件の具体的内容

(a)　①「定型約款を契約の内容とする旨の合意をしたとき」とは？

みなし合意が認められる場合の１つ目は、「定型約款を契約の内容とする旨の合意をした」場合です。ここでいう合意は、一般的には、明示の合意でも黙示の合意でもよいと考えられています[5)]。

合意の方法には、口頭による合意、書面による合意、インターネット等のWeb上での合意などがあるといわれており、いずれの方法によっても合意は有効です。もっとも、たとえば口頭による合意の場合には、記録化が不十分となりやすいため、後々の紛争防止の観点からは、書面による合意やWeb上での合意が望ましいでしょう。

(b)　②「定型約款を準備した者があらかじめその定型約款を契約の内容とする旨を相手方に表示していたとき」とは？

みなし合意が認められる場合の２つ目は、「定型約款を準備した者があらかじめその定型約款を契約の内容とする旨を相手方に表示していた」場合です。「あらかじめ」取引の相手方に定型約款を契約内容とする旨を表示する必要がありますので、取引後に表示をしたのでは「みなし合意」が成立しないという点に注意する必要があります。もし取引後に定型約款の「みなし合意」を成立させたい場合には、①の「定型約款を契約の内容とする旨の合意」をする必要があります。

この「あらかじめその定型約款を契約の内容とする旨を相手方に表示してい

5）一問一答249頁。ただし、保険約款のように書面による合意が通例となっているような場合に黙示の合意でもよいかについては、問題であるとする見解もあります（山下・保険法(上)174頁）。

た」と認められるためには、どの程度の対応をとればよいかということも問題となります。取引の内容や方法等にもよりますが、自社のホームページにおいて一般的に定型約款が契約内容となる旨を公表しているだけでは足りないと考えられています。

「みなし合意」が成立したといえるためには、たとえば、Web上での契約締結のプロセスにおける一連の画面の中で、定型約款を契約の内容とする旨を表示し、クリックすれば該当の定型約款を参照できるようにしておく方法などが考えられます[6)]。

(3) みなし合意に関する保険実務への影響

保険実務においては、従来から、保険契約締結に際して、「保険約款を承知のうえ、保険契約を申し込みます」などの文言が保険契約申込書等に記載されてきました。このような記載でも定型約款を契約の内容とする旨の（少なくとも黙示の）合意があったと認められると思いますが、新民法の文言により近づけるという意味では、「保険約款が契約内容となることを承知のうえ、保険契約を申し込みます」などと規定することも考えられます。

また、保険実務における「みなし合意」の問題としては、たとえば、重要事項説明書等に「定型約款を契約内容とすること」の表示があれば、みなし合意が成立するかといった問題も考えられます。対面での取引なのかそれ以外の方法なのか、また重要事項説明書の内容にもよりますが、重要事項説明書の中に「定型約款を契約内容とすること」が小さく表示されていただけでは、「みなし合意」の有効性が認められない可能性もありますので、注意が必要です。

6）一問一答250頁。

5．定型約款の表示　【新設】

⑴　新民法の規定

> **（定型約款の内容の表示）**
> **第548条の3**
> 1　定型取引を行い、又は行おうとする定型約款準備者は、定型取引合意の前又は定型取引合意の後相当の期間内に相手方から請求があった場合には、遅滞なく、相当な方法でその定型約款の内容を示さなければならない。ただし、定型約款準備者が既に相手方に対して定型約款を記載した書面を交付し、又はこれを記録した電磁的記録を提供していたときは、この限りでない。
> 2　定型約款準備者が定型取引合意の前において前項の請求を拒んだときは、前条の規定は、適用しない。ただし、一時的な通信障害が発生した場合その他正当な事由がある場合は、この限りでない。

⑵　定型約款の内容の表示

(i)　表示義務

新民法においては、定型約款が有効に契約内容となるためには、定型約款の内容を相手方に示すことは、原則として不要です。しかし、例外的に、定型取引の合意の前または定型取引の合意の後相当の期間内に相手方から請求があった場合には、遅滞なく、相当な方法でその定型約款の内容を示さなければならない（ただし、定型約款を書面やCD-ROM等の電子媒体ですでに交付・提供していた場合を除く）とされています。これを表示義務といいます。

(ii)　「相当な期間」の具体的内容

表示義務は、定型取引の合意の後「相当の期間」内に相手方から請求があった場合等に生じるものですが、具体的な「相当な期間」は、個別の事案の具体的な状況に応じて判断されることになります。

もっとも、その期間は、必ずしも数週間や数か月といった短いものではなく、契約が継続的なものである場合には、その契約が継続している間は「相当の期間」内であると判断されるとともに、契約終了から一定期間後であっても「相当の期間」内であると判断される場合がある点に注意が必要です[7]。

(iii) 「相当な方法」の具体的内容

定型約款の表示は「相当な方法」で行わなければなりません。たとえば、定型約款を交付したり、郵送したり、メール等で送信するという方法、定型約款をWeb上に公開している場合にはそのアドレスを案内するという方法などが「相当な方法」であるといわれています。開示（表示）は遅滞なく行う必要がありますので、あらかじめ開示できるように準備しておくことが重要です。

(iv) 表示義務違反

この表示義務に違反した場合の効果については、定型取引の「前」に相手方から請求があった場合に限り、規定が設けられています。この場合に定型約款を準備した事業者が開示を拒んだ場合には、前条のみなし合意の規定が適用されないことになり、定型約款に記載された個別の条項について契約の拘束力が認められないことになります。これに対し、定型取引の「後」に相手方から請求があった場合の規定はありませんので、一般の債務不履行の問題（仮に何らかの損害があれば賠償請求を行うなど）になります。

(3) 表示義務に関する保険実務への影響

(i) 表示義務に関して講じておくべき対応

保険実務においては、保険の種類によって保険約款の提供方法が異なっていますので、表示義務に関して講じておくべき対応を整理すると、以下のとおりです。

(a) 生命保険会社

生命保険会社では、従来から、保険契約の締結に先立って、保険契約者に対

7）村松＝松尾・定型約款Q&A113頁。

して保険約款を交付する、あるいはCD-ROM等の電子媒体で提供する方法が広く行われてきました。

新民法の下においても、上記の方法を維持していれば、ただし書における「既に相手方に対して定型約款を記載した書面を交付し、又はこれを記録した電磁的記録を提供していたとき」に該当するため、表示義務に関する問題はあまりないと考えられます。

なお、インターネットによる契約やタブレット端末を用いた契約の導入により、生命保険会社においても、紙の保険約款や電子媒体に保存されたものを交付していない例が増えています。この場合に、保険約款をWeb上で公開していれば、それだけで「これを記録した電磁的記録を提供していた」に該当するかということも問題となりますが、「提供（する）」という文言からみて、保険約款をダウンロードさせたり、Webのアドレスやアクセス方法をメールで知らせるなどの対応が必要と考えられます。

(b)　損害保険会社

損害保険会社では、従来から、保険契約の締結の際には保険約款の概要を記載した書面のみを交付し、契約締結後に保険約款を保険契約者に郵送するという方法が広く行われてきました。

新民法の下においても、上記の方法を維持していれば、ただし書における「既に相手方に対して定型約款を記載した書面を交付し、又はこれを記録した電磁的記録を提供していたとき」に該当するため、表示義務に関して問題が生じにくいことは生命保険会社と同様です。もっとも、新民法の下においては、保険契約の締結前に契約者から請求があった場合には、遅滞なく保険約款を開示する義務がありますので、もし要望があれば事前に保険約款を交付できるように準備しておく必要があります。

また、インターネットによる契約等において保険約款を郵送しない場合には、生命保険会社の場合と同様に、保険約款をダウンロードさせたり、保険約款をWeb上で公開してそのアドレスやアクセス方法をメールで知らせたりすることが考えられます。

(c)　共済

共済に関しては、団体ごとに対応が異なりますが、共済契約の締結の前後を問わず、「約款」や事業規約を交付せずに、「ご契約のしおり」等の簡略版のみを交付するという方法を行っている団体も多くみられました。

新民法の下においては、(2)で述べたとおり、相手方から請求があった場合には、定型約款の内容を示す必要があるとされており、簡略版である「ご契約のしおり」のように、定型約款の重要事項を記載した書面を交付しただけでは、表示義務を果たしたことにはなりません。そのため、共済契約者から請求があった場合には、保険会社と同様に、「約款」や事業規約自体を交付したり、これらをWeb上で公開してそのアドレスやアクセス方法を知らせるなどの対応をとる必要があります。

(ii)　表示義務の範囲に関する今後の検討課題

保険実務において悩ましい問題の1つが、保険会社はどの範囲の情報まで開示する義務を負うかという点です。この点は、「約款」や利用規約、内規等がどこまで定型約款に含まれるかという点とも関連する問題です。

たとえば、保険実務上、これまで保険料の算出方法や契約の引受基準は開示しないという対応がとられてきましたが、こうした保険実務は新民法の下においても変わらないと考えられます。保険料の額自体は契約の一部に含まれますが、その算定の根拠である保険料の算出方法は、保険契約における権利義務そのものを規定するものではないため、定型約款に含まれないと考えられます。また、契約の引受基準についても、保険会社が契約を引き受けるか否かという契約締結前の事情に関するものであって、保険契約自体の権利義務を定めるものではないため、定型約款には含まれません。

これに対し、「内規」については、どこまでが定型約款にあたり、どこからが定型約款にあたらないのかが、必ずしも明確ではありません。3.で述べたとおり、実質的な権利義務関係を定めている場合には定型約款に含まれる可能性がありますので、開示が必要となる場合がありますが、実際には、事務処理の運用基準と権利義務関係を定めている部分が混在している場合もあり、内規の開示を求められた場合に、保険会社がこれに応じるか否かは悩ましい問題です。実務的には、一部の内規についてはその内容を「約款」に格上げするなど、内規について開示の要否が問題となる場面を極力減らすための工夫をすることが有益であると思われます。

なお、新民法では、「相手方から請求があった場合には、……その定型約款の内容を示さなければならない」と規定されており、開示の対象はあくまでも取引の相手方です。保険契約においては、民法上の表示義務を負う対象は保険契約者であって、被保険者や保険金受取人に対して義務を負うものではありません。保険業法上、一部の団体保険においては、保険契約者のみならず被保険者に対する情報提供義務も定められていますが（同法294条参照）、この場合でも民法上の表示義務が被保険者に対して生じることになるわけではないと考えられます。

６．定型約款の内容の適法性――いわゆる不当条項　【新設】

(1)　旧民法の下における不当条項

「約款」による取引においては、契約当事者が契約内容を認識せずに契約を締結していることが多いため、従来から、「約款」の中に不利益な条項が含まれていることに気づかず、一方的に不利な条項を押し付けられたり、不意打ち的な条項が紛れこんでいたりするといった問題が存在しました。旧民法の下においては、契約条項の内容やその影響を踏まえつつ、公序良俗や信義則、権利濫用の法理といった一般的な条項を根拠としたり、契約条項の意味を限定解釈したりすることによって、不当な条項の効力を排除してきました。

保険約款に関しても、旧民法の下において、たとえば、自動車保険において、契約者が約款所定の事故発生の通知義務に違反した場合には保険金支払義務が免責される旨の条項について、保険金詐取等の信義則に反する目的で通知をしなかった場合には保険金支払義務が免責されるが、それ以外の場合は免責されない（ただし、通知義務違反により保険会社が被った損害の額について責任が免除される）とした判例[8]があります。

また、別の判例では、火災保険の保険金支払時期に関して、必要書類提出後30日以内に必要な調査を終えられないときは調査を終えたときから保険金を支払う旨の条項について、不明瞭であるうえ、保険契約者に一方的に負担を負わせる条項であるとして、保険会社は、30日経過後は遅延損害金を支払う義務を負うという判断がされています[9]。

最近でも、消費者契約法10条の不当条項規制との関係で、無催告解除や無催告失効を定めた条項の有効性が問題となった例もありました[10]。この判例では、結論としては一定の条件の下で無催告解除や無催告失効の効力を認めるという判断がされていますが、保険業界において当たり前のように使用されている契約条項の有効性が問題となることがあるという警鐘を鳴らす意味で、重要な判例といえます。

(2) 新民法の規定

(i) 新民法における判例法理の明文化

以上のような争いも踏まえ、新民法では、不当性を理由に個別の条項の効力を争うことができる旨が明文化され、以下の規定が定められました。

（定型約款の合意）
第548条の2
1　定型取引（ある特定の者が不特定多数の者を相手方として行う取引であって、その内容の全部又は一部が画一的であることがその双方にとって合理的なものをいう。以下同じ。）を行うことの合意（次条において「定型取引合意」という。）をした者は、次に掲げる場合には、定型約款（定型取引において、契約の内容とすることを目的としてその特定の者により準備された条項の総体をいう。以下同じ。）の個別の条項についても合意

8）最判昭和62年2月20日民集41巻1号159頁。
9）最判平成9年3月25日民集51巻3号1565頁。
10）最判平成24年3月16日民集66巻5号2216頁。

をしたものとみなす。
①・②（略）
2　前項の規定にかかわらず、同項の条項のうち、相手方の権利を制限し、又は相手方の義務を加重する条項であって、その定型取引の態様及びその実情並びに取引上の社会通念に照らして第１条第２項に規定する基本原則に反して相手方の利益を一方的に害すると認められるものについては、合意をしなかったものとみなす。

同条項によれば、以下の「約款」条項については、そもそも契約の合意をしなかったものとみなされます。

①「相手方の権利を制限し、又は相手方の義務を加重する条項」であって、
②　その「定型取引の態様及びその実情並びに取引上の社会通念に照らして」民法１条２項に規定する基本原則（信義則）に反して相手方の利益を一方的に害すると認められるもの

このうち、①は、当該「約款」の条項がある状況とない状況を比較して、その条項があることにより相手方にとって不利益となるかどうかを判断することになります。

また、②は、当事者間の公平を図るための信義則（新民法１条２項）に反するかどうかを基準に判断することとしており、①だけでなく②を満たす場合にはじめて、みなし合意の効力が否定されます。

たとえば、保険約款に定められた免責条項が上記①および②の要件を満たす場合には、その免責については当事者間で合意がなかったものとみなされます。その結果、保険会社は、保険金の請求に対して免責の主張ができないことになります。

(ii)　新民法における不当条項の特徴

新民法における不当条項は、消費者契約法10条における不当条項に似た内容ですが、消費者契約法とは異なる点があります。

まず、消費者契約法の不当条項は、当該条項を無効とするものですが、新民

法においては、当事者間で合意が成立していなかったものとみなされます。

また、新民法における不当条項については、消費者契約法にはない判断基準として、「定型取引の態様及びその実情並びに取引上の社会通念に照らして」判断するという基準がある点にも留意する必要があります。たとえば、定型約款が対象とする取引（定型取引）は、客観的にみて画一性が高い取引であることが多いことから、取引の相手方は契約内容の詳細を確認しないことが多いという特徴があります。そのため、客観的にみて予測しがたい内容の条項が置かれ、かつ、それが重大な不利益を課すものである場合には、合意が成立しないと判断される可能性が高くなります。他方、個々の取引の実情として、その条項を設ける必要性が高く、同種の契約でそのような条項を設ける例も少なくないという場合には、その条項については合意が認められる可能性が高いと考えられます。

(3)　不当条項規定による保険実務への影響

上記(2)で述べたとおり、新民法の不当条項の規定は消費者契約法の規定と似たものとなっていますので、基本的には、消費者契約法に反しない「約款」である限り、新民法における定型約款の不当条項規定によって、新たな対応が必要となる可能性は低いと思われます。

もっとも、(1)で挙げたように、過去、保険業界において当然のように用いられていた契約条項（しかも金融庁の認可を受けている条項）について、その有効性が争われたり、実際に無効と判断されたりしたように、従来から用いていた条項であるからといって、新民法の下においても有効であると判断されるとは限りません。むしろ、新民法において不当条項の規定が設けられたことを契機に社会の意識が高まり、「約款」の有効性をめぐる紛争やクレームが増加することが予想されますので、「約款」の条項については、改めてその有効性を検討し直すべきでしょう。

以下、一例ですが、慎重に検討することが望ましいと思われる例を挙げておきます。

Case ❶	「保険事故が発生したら必ず○○日以内に保険金を請求してください。その期間を過ぎた場合は、保険会社に対する請求はできません。」

⑴で挙げた判例（事故発生の通知義務に関する最高裁昭和62年2月20日判決）にも若干関連しますが、保険金の請求期間を限定する条項は不当条項規定に抵触するおそれがあります。このような条項は、民法や保険法上の消滅時効期間を実質的に制限するものとみられる可能性があるからです。

Case ❷	いわゆるセット商品の販売において、約款上は一方の契約をやめればもう一方の契約も終了することが記載されているが、パンフレット等への記載がなく、契約時に口頭での説明もなかった

この場合の「約款」の条項も不当条項と判断されるおそれがあります。実質的にみて、保険契約者に対する不意打ち、すなわち合理的に予測することができない条項にあたるとみられる可能性があるからです。これ以外の場合でも、特に契約の終了や失効に関して、通常の契約者にとって想定しがたい効果が生じる場合には、不意打ちにあたると判断される可能性があります。これを避けるためには、その条項の内容を重要事項説明書やパンフレット等の募集関連資料に記載しておいたほうがよいでしょう。

Case ❸	「当社の定める……に従い」などの文言

保険約款においては、かつては、「当社の定める……に従い」という規定が比較的よくみられました。現在も一部そのような条項が残っている例がありますし、この条項が常に不当条項にあたるというわけではありません。

しかし、「当社の定める……に従い」との文言は、結局のところは、保険会社において一方的に内容を定めるということであり、かつ、その内容が保険契約者にはあらかじめ知らされていないものですので、不意打ちであるとして不当条項規定に抵触するおそれがあります。特に、「当社が○○であると認めた場合には保険金を支払います」というように支払事由に直接関わる場合には、不当条項であると判断される可能性が高くなると考えられます。

これに対し、たとえば、「契約者を変更する場合には当社の定める必要書類を提出してください」といった異動の手続要件等であれば、不当条項にはあたらない場合が多いと考えてよいでしょう。

このように、不当条項については新民法の下においても問題となることが多いと予想されますので、「約款」の条項については慎重に検討していくことが望まれます。特に、保険金の支払いや解約時の返還金等の給付に関わる条項については、消費者団体訴訟制度（消費者の財産的被害の集団的な回復のための民事の裁判手続の特例に関する法律）により、特定適格消費者団体が消費者に代わって、被害の集団的な回復を図るための訴訟を提起する可能性があります。その結果、保険会社のビジネスに深刻な影響が生じるおそれもありますので、十分留意する必要があると思われます。

7．定型約款の変更　【新設】

(1)　新民法の規定

「約款」に基づく取引は、継続・反復的な取引で行われることが多いため、「約款」に基づく取引開始後に法令の変更や経済環境の変化等によって、「約款」の内容を途中で変更する必要が生じることがあります。しかし、「約款」取引は多数人を対象として行っている取引ですので、契約当事者の全員から変更の合意を個別にとることは現実的ではありません。そこで、「約款」取引においては、従来から、変更の内容が相手方にとって不利でなければ一方的に変更できるという解釈をしたり、多少不利な内容であっても、変更の内容を通知して特に異議がなければ変更に同意したものとして扱うとしたりすることによって、法律上のルールがない中で、実務上、「約款」の変更が行われている例がみられました。

たしかに、大量の相手方との契約を画一的に行うという「約款」取引の特徴からすれば、上記のような実務上のニーズには合理性があると思われますが、法律上の裏づけがないという点で、法的安定性に欠ける部分がありました。そこで、新民法では、この変更のルールについて次のように明文の規定を設けることとし、画一処理の必要性と相手方の保護との両立を図っています。

（定型約款の変更）
第548条の4
1　定型約款準備者は、次に掲げる場合には、定型約款の変更をすることにより、変更後の定型約款の条項について合意があったものとみなし、個別に相手方と合意をすることなく契約の内容を変更することができる。
①　定型約款の変更が、相手方の一般の利益に適合するとき。
②　定型約款の変更が、契約をした目的に反せず、かつ、変更の必要性、変更後の内容の相当性、この条の規定により定型約款の変更をすることがある旨の定めの有無及びその内容その他の変更に係る事情に照らして合理的なものであるとき。
2　定型約款準備者は、前項の規定による定型約款の変更をするときは、その効力発生時期を定め、かつ、定型約款を変更する旨及び変更後の定型約款の内容並びにその効力発生時期をインターネットの利用その他の適切な方法により周知しなければならない。
3　第1項第2号の規定による定型約款の変更は、前項の効力発生時期が到来するまでに同項の規定による周知をしなければ、その効力を生じない。
4　第548条の2第2項の規定は、第1項の規定による定型約款の変更については、適用しない。

⑵　定型約款の変更要件

(i)　要件の概要

新民法における定型約款の変更の要件は次のとおりです。

①　定型約款の変更が、相手方の一般の利益に適合するとき、または
②　定型約款の変更が、契約をした目的に反せず、かつ、変更に係る事情（変更の必要性、内容の相当性、変更条項の有無等）に照らして合理的なものであるとき

また、上記①または②によって変更合意があったものとみなされるためには、以下の手続をとる必要があると定めています。

〔A〕 効力発生時期を定めること
〔B〕 定型約款を変更する旨、変更後の定型約款の内容、効力発生時期をインターネットの利用等の適切な方法で周知すること
〔C〕 ②の場合には、効力発生時期までに〔B〕の周知をすること

(ii) ①「相手方の一般の利益に適合するとき」(有利変更) とは？

「相手方の一般の利益に適合するとき」とは、変更の内容が相手方全員の利益に適合する場合をいうと考えられます。大半の相手方の利益に適合する場合であっても、一部の相手方にとって不利益となる場合はこれに該当しませんので、注意してください。

たとえば、契約当事者が支払うサービス料の減額、定型約款の下で提供するサービスの内容拡充等がここでの有利変更にあたります[11)]。

(iii) ②「契約をした目的に反せず、……変更に係る事情に照らして合理的であるとき」(合理的変更) とは？

「約款」取引において、契約内容の変更が相手方に不利になる場合には、当該相手方の利益保護の観点からは、契約内容の変更を一切認めるべきではないようにも思われます。

しかし、一方で、「約款」取引を行っている間には、前述のとおり、法令の変更や経済環境の変化等も当然に生じる可能性があり、それに伴って定型約款を変更する必要性が生じる場合もあります。そこで、新民法では、一定の要件の下で、そのような場面での定型約款の一方的変更を認めることとしました。これが②の変更です。

具体的には、その契約変更が客観的にみて契約の目的に反しておらず、かつ、不利益を被る当事者の事情（不利益の程度、補償等の不利益を軽減するための措置の有無など）も踏まえて総合的に考慮した結果、変更が合理的であるという

11) 一問一答 259 頁。

場合には、契約期間の途中であっても定型約款の変更が認められることとされました。たとえば、法改正に伴って、その影響を受ける契約内容を契約の目的に反しない範囲で新法に沿った形で変更する場合（用語の変更のような形式的なものもあれば、手続要件の変更のような中身に関わるものもありえます）などには、②の変更が認められやすいといえるでしょう。

また、「約款」の中に変更条項が規定されている場合には、将来一方的に内容が変更される可能性があることを予測することができますので、定型約款の変更が合理的であると判断されやすくなります。「約款」の中に変更条項が規定されていないからといって、直ちに変更が認められないというわけではありませんが、新民法が合理性の判断要素として「定款約款の変更をすることがある旨の定めの有無」を明示的に挙げていることからすると、定型約款には、基本的には変更条項を定めておいたほうがよいと考えられます。

⒤　変更の手続的要件（〔A〕～〔C〕）

前述のとおり、新民法では、定款約款を変更する場合には、変更をすること、変更内容、効力発生時期等を「周知」しなければならないとしていますが、周知の方法としては、次のような方法が考えられます。

なお、ここでいう「周知」とは、契約当事者が認識可能な状況にすること（したがって、周知対応後に一定期間が確保されている必要があります）であって、実際に契約当事者全員が認識していなければならないというわけではありません。

⒜　インターネットを利用した周知

典型的な周知の例としては、インターネットを利用する方法があり、たとえば「定型約款」の準備者が自身のホームページ上で、わかりやすく変更内容のお知らせを掲載する方法が考えられます。

なお、インターネットを利用できない者が一部契約当事者に含まれている場合であっても、その者も他の契約当事者を介するなどして変更内容を知りうることから、直ちに別の方法をとる必要まではないと考えられています。

(b)　個別の書面通知

契約当事者の不利益軽減措置（一定期間内の解約を認める等）があることによって変更の合理性が認められるような場合には、その不利益軽減措置に実効性を持たせる必要があります。そのため、このような場合は、上記のインターネットによる周知の方法に加えて、より広く周知を徹底するという観点から、書面による個別通知を併用することも検討すべきでしょう。

(c)　その他の措置（約款冊子の送付など）

変更が合理的なものであると認められるためには、「約款」の新旧対照表や変更の趣旨、影響等をわかりやすく説明したものをホームページに掲載するなど、変更内容の説明を丁寧に行うという工夫をすることが、新民法の趣旨からみて望ましいでしょう。

他方で、変更後の約款冊子やパンフレット等を必ず契約当事者に送付する必要があるかといえば、新民法が「周知」で足りるというルールを設けていることからみて、そこまでの必要はないと考えられます。

(3)　変更規定による保険実務への影響

(i)　合理的変更の例

保険実務において、合理的変更の例として考えられるものとしては、国民健康保険法や労働災害補償法、自賠法等の保険契約に関連する法令の改正があった場合に、これらの法改正にあわせて保険金の支払基準や請求手続などを変更する場合が考えられます。もっとも、この場合でも、「約款」で明示的に他の法令を引用していない場合には、常に変更の合理性が認められるわけではありませんので、商品性や変更の理由等に照らして個別に判断する必要があります。

今回の民法改正に伴う法令変更の例として、新民法が中間利息控除の割合を変動制にしたこと（詳細はＶ4参照）に伴い、賠償責任保険における保険金の支払額が増加することになりますが、賠償責任保険の代替の機能を有する自動車保険における人身傷害条項の損害額算定基準も、これにあわせて変更することが考えられます。この場合には、人身傷害条項の損害額算定基準において使用されているライプニッツ係数をもとにした計算表を修正することになりますが、これは商品性を踏まえた合理的な約款変更と考えられますので、合理的変更の一例であると考えられます。

その他の例としては、「約款」の趣旨に反しない範囲で、個別の条項の文言を明確化する場合にも、変更の合理性が認められる場合があると考えられます。「約款」のわかりやすさに関する要請は、時代とともに変わってきていますので、契約締結時には合理的な「約款」の記載であったとしても、数十年が経過して今の時代の要請にあわなくなっている可能性も十分考えられます。その場合には、保険金請求権者の予測可能性を高め、法的安定性を図るという観点から、「約款」の文言を明確化することにも合理性が認められると思われます。

ⅱ　周知の時期・方法

合理的変更の場合の周知の時期について、法律上は「効力発生時期が到来するまで」に周知をすることしか規定されていませんが、契約者等に生じる不利益の程度に応じて、適切な周知期間を設定することが望ましいでしょう。たとえば、保険会社のホームページでのみ案内をする場合には、その内容を認識するための合理的な期間を想定して、通常であれば２～３か月以上前から周知をしておくことが考えられます。

また、周知の方法についても、合理的変更の有効性をより担保するために、ホームページでの案内に加えて、年１回など定期的に契約者に送付する冊子にも記載をしたり、特に不利益が大きい一部の契約者に対しては個別通知を併用したりする方法も考えられます。

ⅲ　変更条項の規定化

現在の保険約款には、一部の商品において、将来的に契約内容が変更される可能性がある旨を定めた条項（変更条項）を置いている例がありますが、新民法では、定型約款に変更条項を置くことが必須であるとはされていません。しかも、特に保険業界においては、「約款」の変更について、保険業法施行規則11条７号ロ（次頁参照）に、保険会社が保険契約者に対して「通知」を行うことを前提としているように読める規定があり、新民法が規定する「周知」との関係性が明確でないという問題があります。そのため、新民法の施行に伴う対応として、変更条項の規定を「約款」に置かないという判断をする保険会社が多いとみられています。

> **保険業法施行規則**
> **（事業方法書等の審査基準）**
> **第11条**
> 法第5条第1項第3号ホに規定する内閣府令で定める基準は、次に掲げる基準とする。
> （中略）
> ⑦　保険会社が保険料率その他の契約内容の全部又は一部を変更（保険契約の内容の追加又は削除及び保険契約の全部又は一部の解除を含む。）することができることを約した保険契約にあっては、次に掲げるいずれかの要件を満たすものであること。
> （中略）
> ロ　保険会社が保険契約者に対して、保険契約の内容の変更を通知した場合、当該保険契約者等が不利益を受けることなく当該保険契約を将来に向かって解除できるものであること。

もっとも、(2)で述べたとおり、新民法の下での定型約款においては、変更の合理性が変更条項の内容によっても異なるとされていますので、保険約款においても、適切な変更条項を定めておくことが望ましいと考えられます。

具体的には、どのような条項について変更される可能性があるのかをできるだけ具体的に記載し、可能であれば、どのような場合にどのような条件で変更するかについても記載することが理想的です（ただし、具体的な事由を挙げた場合には、それ以外については変更が認められないと反対解釈されるおそれがありますので、例示であることがわかるような文言にする必要があります）。たとえば、免責事由や支払条件の変更が生じる可能性があるのであれば、それらについても変更の対象となることを示しておくとともに、変更を行う際にはどのような手続をとるかを具体的に記載しておくことが有益であると思われます。

個々の保険契約に応じて、さらに要件を追加する余地がありますが、新民法の規定に対応する形で必要な要素を盛り込んだ変更条項のイメージとしては、以下のようなものが挙げられます。

第○条（約款の変更）

1　当会社は、この保険契約に関わる法令の改正、社会情勢の変化その他の事情により、保険契約締結の後にこの約款を変更する必要が生じた場合には、民法第 548 条の 4（定型約款の変更）に基づき、この約款（保険金の支払い、免責等に関する条項を含みます。）を変更することができます。

2　当会社は、前項の規定により約款を変更する旨および変更後の約款の内容ならびにその効力発生時期を当会社のホームページへの掲載その他の方法により周知するものとします。

なお、仮に「約款」に変更条項を置いていない場合でも、新民法の規定を用いて「約款」の変更を行う可能性があることから、「ご契約のしおり」や重要事項説明書、あるいは各保険会社のホームページ等を用いて、新民法における「約款」の変更ルールの案内を行っておくことが望ましいでしょう。

⑷　補足――契約の更新と定型約款の変更および表示

保険契約には、保険期間を 1 年ないし一定の期間とし、保険期間の終了時に更新（更改）を行うことが想定されているものが多く存在します。これらの更新型の保険契約については、更新後の契約内容について、「約款」において「更新時における普通保険約款を適用します」などの規定が置かれたうえで、更新に伴って契約内容が変更されることがあります。

しかし、この場合の変更については、法的には更新時に新たな契約合意があったものと擬制され、これに伴い契約内容を変更するものと評価されますので（自動更新の契約についても同様です）、新民法 548 条の 4 の規制が直接及ぶ場面ではありません。したがって、合理的変更の要件を満たさない場合でも、契約内容を新しいものに変更することが可能です。

他方で、法的には更新も新規契約と同視される部分があるため、更新時に新民法 548 条の 3 が適用され、改めて保険会社は定型約款の表示義務を負うかということも問題となります。この点については、更新時にも保険会社は表示義務を負うのが原則であるため、新契約時と同様に、「約款」の交付を行うことが考えられます。もっとも、更新前の「約款」と同一であることも多いことからすれば、「ご契約のしおり」やパンフレット等の契約時のツールにおいて、更新時には「約款」の内容が変更されていない限り再度「約款」を交付することはしない旨の説明書きを追加し、一律に「約款」の交付を行うことはしないという対応をとることも一案として考えられます。

なお、定型約款の規定に限らず、新民法の経過措置一般との関係でも更新の取扱いが問題となりますが、この点については、XIにて後述します。

8．経過措置

定型約款に関する規定は、新民法の施行日（2020年4月1日）以降に締結された定型取引に係る契約（以下「新契約」といいます）には当然適用されますが、同日以前に締結された定型取引に係る契約（以下「旧契約」といいます）にも原則として適用されます（附則33条1項）。

この点に関し、保険契約は長期に及ぶ契約も多いことから、施行日よりもずっと以前に締結された旧契約の「約款」が、施行日後になって、突然、過去に表示義務を果たしていなかったことを理由にみなし合意が否定されたり、不当条項を理由に個別の合意が認められなくなったりするのではないかという懸念が生じます。しかし、新民法の経過措置においては、「旧法の規定によって生じた効力を妨げない」と規定しています（附則33条1項ただし書）。したがって、施行日前に有効であった「約款」が、施行日後に突然無効になるという事態が生じるわけではありません。

このように、新民法は、（従前の「約款」の有効性を認めつつ）施行日前の「約款」にも新民法の定型約款のルールが適用されるとしています。具体的には、たとえば定型約款の変更のルールが旧契約の「約款」にも適用されるという点では、施行日後に、新契約と旧契約の両方の「約款」について一律に約款内容の変更を行うことが可能になるという効果があります。

しかし、このような場面でも、契約当事者の意思を一定程度反映させるために、新民法は、上記の経過措置の例外として、当事者の一方が書面やメール等によって新民法を適用することに反対の意思を表示した場合には、新民法が適用されないと定めています（附則33条2項）。もっとも、「契約又は法律の規定により解除権を現に行使することができる者を除く」とされており、保険契約の場合には、保険契約者に任意解約権が認められていることが一般的ですので、解約が制限されているような特別な場合（たとえば年金保険における年金開始後の場合が考えられます。ただし一括受取りにより契約が終了する場合は解約権を有する場合と同視してもよいと思われます）を除いては、反対の意思表示の有無にかかわらず、新民法が適用されることになります。

9．保険実務における定型約款導入の影響と留意点――まとめ

本章の冒頭でも述べたとおり、定型約款は、新民法で新設された、民法改正の“目玉”となる事項です。保険業界は、約款取引を行っている業界の代表例であり、定型約款に関する正しい知識を持つことは、今後の保険実務において極めて重要であると考えられます。

もっとも、保険約款は、従前より金融庁の認可・監督の下で運用されてきたこともあって、すでに新民法の定型約款規制に即した内容となっている点が少なくありません。その意味で、定型約款のルールの新設に伴う保険実務への影響は限定的であるといえます。

他方で、定型約款の規定が設けられたことによって、「約款」の有効性やそのあり方に対する社会の関心が高まり、特に表示規制や不当条項規制については、保険契約者からの要望やクレームが増加することも予想されます。したがって、これらの事項については、新民法のルールを正確に理解し、必要な対策を講じておくことが望まれます。また、その前提として、保険契約に関連する数多くの規定（保険約款、利用規約、内規等）のどれが定型約款にあたり、どれが定型約款にあたらないのかをきちんと整理しておくことも重要です。

さらに、特に不当条項規制に関しては、6.で述べたとおり、これまで当然

のように使用されていた「約款」条項の合意としての有効性が問題となることもありますので、これを機に、「約款」の内容を改めてチェックすることが望まれます。

なお、新民法の施行日よりも前に、新民法の規定を踏まえた保険約款の改定を行うことが許容されるかについては、XIにおいて後述します。

III

契約の成立プロセスに関する改正

1　意思能力

1．はじめに

旧民法の下においても、明文の規定はないものの、契約を含む法律行為をするには、意思能力（一般に、法律行為の結果を理解するに足りるだけの精神能力をいいます）が必要であると考えられてきました。この考え方の背景には、人が権利を取得したり、義務を負ったりすることは、自分の意思に基づいてはじめて正当化できるという私的自治の原則があります。そこで、従来から、判例や学説上、意思能力がない者の行った法律行為は無効であるとされていました。

わが国においては、たとえば、内閣府の『平成30年版高齢社会白書』に示されるように、65歳以上の人口は全人口の27.7%となるなど、高齢化がますます進展しており、判断能力が十分でない高齢者が、その財産に関する取引や契約に関するトラブルに巻き込まれるリスクはより高まっています。そこで、かかる時代背景等を考慮し、新民法では、意思能力に関する規定が新たに明文化されました。

2．新民法の内容

> **第3条の2**
> 　法律行為の当事者が意思表示をした時に意思能力を有しなかったときは、その法律行為は、無効とする。

(1)　意思無能力による無効　【明確化】

上記のとおり、新民法においては、法律行為（一般に、人が一定の法律効果を発生させようとする意思に基づいてなす行為をいいます）の当事者（＝意思表示を行う者）が、意思表示の時点で意思能力を有しない場合、法律行為は無効になると正面から規定されました。なお、新民法においても、意思能力の定義は設けられていません。この点、中間試案の段階では、「法律行為をすることの意味を理解する能力」という定義がされていました。しかし、改正作業において意見が一致せず、定義化は見送られました。

旧民法の下では、たとえば、意思能力とは、事理弁識能力を指し、すべての法律行為に一律に必要とされる最低限度の能力との考え方がありました。これに対し、一律のものと解するのではなく、個別具体的な法律行為の種類や内容に即して意思能力の有無が判断されるとする考え方もありました。新民法の下でも、意思能力をどのように解するかは、引き続き解釈に委ねられることになります[1)]。このように、意思能力の内容について一致した見解はないものの、一般的に、意思能力については7歳程度の理解力とする見解が多いことや[2)]、中間試案の段階で、法律行為の種類・内容によっても異なりうるものの「7歳から10歳程度の理解力」[3)]と説明されていたことが参考になると思われます。

なお、前述のとおり、意思能力がない場合の法律行為は「無効」となりますが、旧民法の下における考え方を踏襲し、ここでの無効は誰からでも主張できるものではなく、意思能力を有しない側の関係者からしか主張できないものと考えられています[4)]。また、意思無能力者は、現存利益の限度で返還義務を負うとされています（新民法121条の2第3項）。

(2) 経過措置

新民法3条の2の規定は、施行日前にされた意思表示については、適用しないとされています（附則2条）。

1）一問一答13頁～14頁。
2）潮見ほか・詳解改正民法14頁。
3）正確には、「意思能力の程度は一般に7歳から10歳程度の理解力であって、取引の仕組みなどを理解した上で自己の利害得失を認識して経済合理性に則った判断をする能力までは不要であると言われている。」（中間試案（概要付き）3頁）と説明されています。
4）一問一答14頁。

３．保険実務における留意点

保険実務において、意思能力が問題になりうる場面としては、たとえば、高齢者の保険加入、高齢者が契約している保険についての受取人変更、高齢者である受取人からの保険金請求等が考えられます。

上記のとおり、意思表示をした際に意思能力がないときは、法律行為（上記の例でいえば、申込み、受取人変更、保険金請求）は無効となることから、高齢者については、意思能力の有無について慎重な確認や記録化が必要となります。

この点、生命保険協会が策定した「高齢者向けの生命保険サービスに関するガイドライン」（平成26年10月24日）[5)]の内容も１つの参考となります。たとえば、同ガイドラインでは、保険加入の場面では、高齢者への説明に際し、加齢に伴う認知能力等の低下に配慮しつつ、適切かつ十分な説明を行うことの重要性が説明され、高齢者の親族等の同席を求めること、募集する側も複数人で対応し、説明者以外の者が高齢者の言動・態度の把握、商品内容の理解度等を確認すること、高齢者の検討機会の確保の観点から契約締結まで複数回の募集機会を設けること、保険契約の申込み受付後も募集担当以外の者から再度意向確認をすることなどが述べられています。

なお、高齢者との会話においては、一方的な説明に終始せず、高齢者から積極的な質問があるか、説明内容を前提とした会話が成り立っているか等を吟味し、意思能力を確かめることも重要と考えられます。また、認知症の疑い等を理由として、医療機関を受診している事実が発覚した場合には、医師による診断書等を求めることも検討する必要が出てきます。そして、本人の意思能力の有無に関する事情はしっかりと記録化しておき、その記録自体も、複数人で確認しておくことが重要です。

その他の対応としては、高齢者である受取人からの保険金請求の場面において、指定代理人請求制度（具体的には、被保険者本人に特別の事情がある場合に、あらかじめ指定した代理人が受取人に代わって保険金等を請求できる制度）を活用

5）http://www.seiho.or.jp/activity/guideline/pdf/elderly.pdf

し、所定の要件を満たす場合には、指定代理人から請求をしてもらうことも考えられます。

2　錯誤

1．はじめに

錯誤の制度は、簡単にいえば、勘違いにより意思表示をした場合に、一定の要件の下で、法律行為を最初からなかったことにできるものです。

たとえば、保険契約の内容に関して思い違い（錯誤）があり、錯誤に基づく意思表示によって保険契約が締結された場合、当該意思表示をした者（表意者）の保護の観点からは、広く契約からの解放を認めるべきであるといえます。一方で、表意者の錯誤に関して何ら落ち度のない契約の相手方の利益を考えると、契約からの解放を認める場面を一定の範囲に限定する必要があります。

そこで、旧民法および新民法のいずれにおいても、表意者と相手方の利益保護のバランスをとる観点から、錯誤を理由に法律行為の効力を失わせるための要件が定められています。

新民法では、旧民法と同様に錯誤の制度を設けていますが、法律効果が一部変更されたり、判例法理を反映して規定が明文化されたりするなど、ルールが一部変更されています。以下、詳細について説明します。

2．新民法の内容

（錯誤）
第 95 条
1　意思表示は、次に掲げる錯誤に基づくものであって、その錯誤が法律行為の目的及び取引上の社会通念に照らして重要なものであるときは、取り消すことができる。
①　意思表示に対応する意思を欠く錯誤
②　表意者が法律行為の基礎とした事情についてのその認識が真実に反する錯誤

2　前項第2号の規定による意思表示の取消しは、その事情が法律行為の基礎とされていることが表示されていたときに限り、することができる。
3　錯誤が表意者の重大な過失によるものであった場合には、次に掲げる場合を除き、第1項の規定による意思表示の取消しをすることができない。
①　相手方が表意者に錯誤があることを知り、又は重大な過失によって知らなかったとき。
②　相手方が表意者と同一の錯誤に陥っていたとき。
4　第1項の規定による意思表示の取消しは、善意でかつ過失がない第三者に対抗することができない。

(1)「無効」から「取消し」への変更　【変更】

錯誤の効果は、旧民法においては、「無効」とされていました。本来、無効であれば、誰からでも、いつでも主張できるものですが、ここでの無効は誰からでも主張できるものではなく、判例[6)]では、無効主張ができるのは表意者のみとされていました。また、民法上、錯誤に比べて表意者の帰責性が乏しいと考えられる詐欺の場合でも、その効果は取消しとされており、かつ、取消しの主張は追認ができる時から5年間に制限されています（民法126条）。

そこで、新民法においては、錯誤の効果も「取消し」となりました。そこで、上記のとおり、取消しの主張ができる期間に制限が生じることに留意が必要です。また、取り消すことができる行為については、法定追認の適用もあり、追認ができる時[7)]以降に、履行や履行の請求等を含む一定事実が生じた場合には、異議をとどめておかないと、追認されたことになり、取消しができなくなることにも留意が必要です（新民法125条）。

6）最判昭和40年9月10日民集19巻6号1512頁。
7）基本的に、取消しの原因となっていた状況が消滅した後である必要がありますので、少なくとも錯誤に陥っていた状況を脱している必要があると考えられます。

⑵　要素の錯誤　【明確化】

旧民法においては、錯誤に基づく無効の主張ができる要件として、「法律行為の要素」に錯誤があることが必要とされていました。この「要素」とは、判例[8)]においては、錯誤がなければ表意者自身のみならず通常人であっても意思表示をしなかったと認められる場合を指すとされています。

新民法においては、この判例の考え方を示すために、意思表示が表意者の錯誤に基づくものであって、かつ、その錯誤が「法律行為の目的及び取引上の社会通念に照らして重要なもの」であることが必要である旨が明文化されました。かかる明文化によって、実務が大きな影響を受けるものではありませんが、錯誤による取消しが認められるか否かの判断において、法律行為の目的や社会通念が重視されることになると考えられます。

⑶　動機の錯誤　【明確化】

新民法においては、動機の錯誤、すなわち、法律行為をするに至った動機に錯誤がある場合の錯誤主張の要件が明文化されました。具体的には、錯誤が法律行為の目的および取引上の社会通念に照らして「重要なもの」であり、表意者が「法律行為の基礎とした事情」についてのその認識が真実に反する錯誤であって、その事情が「法律行為の基礎とされていることの表示」がある場合には、錯誤に基づく取消主張ができるとされました。

これは、旧民法における考え方を、より具体的に表現することを目指して規定が設けられたものです。

⑷　表意者に重過失がある場合　【明確化】

旧民法においても、重過失のある表意者にまで錯誤主張を認めると、相手方の利益保護との関係でバランスを失することから、錯誤主張は許されないとされていました。新民法においても、かかるルールは踏襲されています。

一方で、相手方が表意者に錯誤があることを知りまたは重大な過失によって

8）大判大正3年12月15日民録20輯1101頁。

知らなかったときや、相手方が表意者と同一の錯誤に陥っていたとき（共通錯誤の場合）には、相手方を保護する必要性が乏しいことから、この場合には錯誤主張を認めることが新民法で明文化されています。

(5) 第三者保護規定 【新設】

錯誤に基づく法律関係が存在し、かかる関係を前提に、新たに法律関係に入った第三者がいる場合、表意者による錯誤に基づく取消しを認めると、当該第三者の法的利益が害されることになります。そこで、一定の場合には、第三者に対して錯誤に基づく意思表示の取消しの効果を主張できなくする必要があります。この点に関して、表意者の帰責性が錯誤の場合よりも少ない、相手方の詐欺に基づく意思表示の場合であっても、善意かつ無過失の第三者には、詐欺に基づく法律関係の取消しについて対抗できないと考えられてきました。

かかる事例とのバランスを考慮し、新民法では、錯誤による意思表示の取消しは善意でかつ無過失の第三者には対抗できないとの規定を新設しました。これは、旧民法の下における解釈論を採用したものです。

(6) 経過措置

新民法の錯誤に関する規定は、施行日前になされた意思表示には適用されないとされています（附則6条1項）。

3．保険実務における留意点

(1) 年齢の錯誤に関する約款の規定

たとえば、ある生命保険の引受可能年齢に65歳という上限があったにもかかわらず、保険契約者が保険契約申込書に記載した被保険者の年齢に誤りがあり、実際には65歳を超える者について保険契約が締結されたところ、事後になって誤りが判明した場合を想定します。生命保険においては、古くから、このような場合を想定し、約款で年齢錯誤に関する特則を設けていました[9]。一般的な例としては、以下のようなものが挙げられます。

第○条（契約年齢または性別に誤りがあった場合の取扱）

1　保険契約申込書（電子情報処理組織を使用する方法その他の情報通信技術を利用する方法を含みます。以下同じ。）に記載された被保険者の年齢に誤りがあった場合、実際の年齢が当会社の定める年齢の範囲外であったときは保険契約または付加された特約を無効とし、その他のときは当会社の定める取扱にもとづき実際の年齢による保険料に改め保険料の差額の精算等を行います。

2　保険契約申込書に記載された被保険者の性別に誤りがあった場合は、第1項の規定を準用して取り扱います。

この規定では、申込書記載の年齢に誤りがあった場合、保険者の定める年齢の範囲内であった場合には、実際の年齢による保険料との差額を精算するとする一方、上記の事例のように、保険者の定める年齢の範囲外であった場合には、保険契約は無効となるとされています。従来、このような約款の規定について、錯誤による無効についての特則を定めたものという説明がされていました[10]。

このように、この規定が錯誤による無効についての特則であるとすると、新民法の下では、錯誤の効果は、無効ではなく、取消しなので、次のような約款の修正をすることが考えられます。

第○条（契約年齢または性別に誤りがあった場合の取扱）

1　保険契約申込書（電子情報処理組織を使用する方法その他の情報通信技術を利用する方法を含みます。以下同じ。）に記載された被保険者の年齢に誤りがあった場合、実際の年齢が当会社の定める年齢の範囲外であったときは、当会社は、保険契約または付加された特約を取り消すことができるものとし、その他のときは当会社の定める取扱にもとづき実際の年齢に

9）山下・保険法(上) 415 頁。
10）山下・保険法(上) 416 頁。

よる保険料に改め保険料の差額の精算等を行います。
2　保険契約申込書に記載された被保険者の性別に誤りがあった場合は、第1項の規定を準用して取り扱います。

錯誤の効果が、無効から取消しへと変更されたことには留意が必要です。これにより、錯誤に基づく取消権の行使に期間制限、具体的には、追認できるときから5年または行為のときから20年という制限が課されます（民法126条）。そこで、年齢の誤りが、契約締結から20年が経過してから発覚した場合には、原則として、錯誤に基づく取消しができなくなります。もっとも、期間制限が比較的長期間であることから、実務上はそれほど大きな支障は生じにくいと考えられます。

また、法定追認の対象にもなるので、追認ができる時以降に、履行や履行の請求等を含む一定事実が生じた場合には、異議をとどめておかないと、取消しはできなくなることにも留意が必要です（新民法125条）。

(2)　年齢錯誤に関するその他の留意点

前述の例では、実際の年齢が引受可能年齢の上限を超えていたため、新たな約款に基づいて、保険会社は保険契約の取消しができることになりそうです。しかし、古い判例[11]で、旧民法95条ただし書、すなわち、表意者に重過失があった場合には無効主張ができないとする規定は、当該約款でも排除されていないとされていることから、約款について制限的解釈がなされる可能性があります[12]。具体的には、保険会社において、年齢の誤りに関して重過失（新民法95条3項）があれば、保険会社は保険契約の取消しができないことになると考えられます。

11）大判昭和13年3月18日判決全集5輯18号22頁。
12）なお、旧民法95条ただし書の適用を排除する特約は消費者契約法10条に反し無効とされる可能性が高いとする見解があります（山下友信＝洲崎博史編『保険法判例百選』別冊ジュリスト202号（2010）［山下純司］128頁～129頁）。

3　意思表示の効力発生時期

1．はじめに

契約や解除の意思表示等がいつから効力を生じるのかを判断するためには、意思表示がどのようなタイミングで効力を生じるかが明確である必要があります。

旧民法の下では、契約等の法律行為に関し、隔地者間では意思表示が到達したときに意思表示の効力が発生するとされていました（旧民法97条）。一方で、隔地者間の契約の成立は、意思表示の到達に時間が必要であることを考慮し、承諾の通知が発信されたときとされていました（旧民法526条1項）。しかし、通信技術の発達した現代社会では、発信時点で効力が発生するとする必要性は低いと考えられます。

そこで、新民法においては、以下で述べるとおり、意思表示の効力発生時点を、意思表示の相手方への到達時点とするという原則が徹底されることになりました。もっとも、意思表示の効力発生時期に関する規定は任意規定ですので、原則として契約や約款で民法と異なる規定を設けることも可能です[13]。

2．新民法の内容

（意思表示の効力発生時期等）
第97条
1　意思表示は、その通知が相手方に到達した時からその効力を生ずる。
2　相手方が正当な理由なく意思表示の通知が到達することを妨げたとき

13）旧民法時代より、本条は、表意者および相手方の利益を比較考慮して定められた任意規定であり、合意によって適用を回避することは原則として可能であるとされています（新版注釈民法(3) 515頁）。

> は、その通知は、通常到達すべきであった時に到達したものとみなす。
> 3 意思表示は、表意者が通知を発した後に死亡し、意思能力を喪失し、又は行為能力の制限を受けたときであっても、そのためにその効力を妨げられない。

(1) 到達主義 【一部変更】

新民法においては、上記のとおり、意思表示は、その通知が相手方に到達した時からその効力を生ずるとされています。意思表示の効力発生時期について、旧民法では隔地者に対する意思表示についてのみ規定を設けており（旧民法97条1項)、隔地者間では意思表示が到達した時に効力が生じるとの原則（到達主義）が採用されていましたが、新民法では、到達主義を隔地者の場合以外にも広く適用することとしました。これは、旧民法における通説的見解を明文化したものです。なお、これに伴い、旧民法526条の隔地者間の契約の成立を承諾の通知が発信された時とする規定は削除されました。

では、どのような場合に「到達」があったと考えられるでしょうか。到達の具体的内容は、明文化されていませんが、旧民法における判例では、現実に通知が了知されるまでの必要はなく、相手方または相手方のために意思表示を受領する権限がある者が了知可能な状態に置かれればよいとするもの[14)]があり、参考になります。これは、簡単にいえば、相手方の支配権内に入ればよいということを意味するもので、たとえば、同居の家族が郵便物を受け取った場合や自営業の者について職場の従業員が受け取った場合などが該当します。

(2) 到達の妨害 【新設】

新民法97条2項においては、意思表示の通知が到達しなかった場合でも、相手方が正当な理由なく到達を妨げた場合には、当該通知は、到達すべきであった時に到達したものとみなすとされています。これは、表意者の保護を考慮し

14） 最判昭和43年12月17日民集22巻13号2998頁。

た旧民法における判例の考え方を踏まえた改正です。

たとえば、郵便物の受領を拒絶した場合や、不在配達通知にもかかわらず内容証明郵便を受領しなかった場合などは、「正当な理由なく到達を妨げた」ということになると考えられます。ただし、たとえば、全く面識のない者からの内容証明郵便であったため内容が推知できず受領をしていなかった場合、郵便物の受領が困難な特別の事情があるなどの場合には、「正当な理由」があるとされる可能性があります[15)]。

⑶　通知発信後の表意者の死亡・意思能力の喪失等　【一部変更】

新民法97条3項では、意思表示は、表意者が通知を発した後に死亡し、意思能力を喪失し、または行為能力の制限を受けたときであっても、そのためにその効力を妨げられないとされています。これは、相手方に関係のない通知の発信後の表意者の事情によって、意思表示の効力が左右されることを防止するための規定です。

旧民法との違いの1つは、3条の2に意思能力に関する規定が追加されたことと相まって、発信後の表意者側の事情として、意思能力の喪失が加えられたことです。

もう1つは、旧民法では、発信後の表意者側の事情として、行為能力の「喪失」が対象とされていた、すなわち条文上は成年後見の開始のみが含まれ、行為能力は喪失していないが制限を受けることを示す保佐や補助の開始が含まれないように読めていたところを、新民法では、行為能力の「制限」と規定することで、これらの開始も含まれることを明確化しています。これにより、意思表示の発信後、表意者に保佐や補助の開始があっても、意思表示の効力は妨げられないことが明確化されました。

なお、申込みに関する特則については、後記5をご参照ください。

---

15)「判批」最判平成10年6月11日判タ979号87頁～89頁。

(4) 経過措置

新民法の意思表示の効力発生時期に関する規定は、施行日前に通知が発せられた意思表示には適用されないとされています（附則6条2項）。

3．保険実務における留意点

生命保険の実務においては、一般的に、保険証券を保険契約者に送付することによって承諾の通知が行われています。具体的には、約款において、保険証券の交付により承諾の通知に代える旨を定めているものが多くみられます。

旧民法においては、隔地者間の契約は承諾の通知を発したときに成立するとされていたことから（発信主義。旧民法526条）、保険証券を発送したときに保険契約が成立することになっていました。一方、新民法では、旧民法526条は削除され、隔地者間の契約の成立時期は、承諾の発信時ではなく到達時となります。また、契約の成立には、承諾の通知の到達が必要であることが明確になっています。

この新民法の規定に従うと、保険会社にとっては、いつ保険証券が保険契約者に到達したかがわからず、正確に保険契約の成立日を把握することができないという問題があります。そこで、新民法97条が任意規定であることを踏まえ、承諾の通知については、旧民法と同様に発信主義を採用する旨の約定を行うことが考えられます。この場合には、契約成立前の意思表示に関する特別の定めを行うものであることから、契約成立後の契約内容を定める約款に規定を設けることでは足りず、保険契約申込書において発信主義を採用する旨（たとえば、承諾を発信したときに保険契約が成立することを了承するといった内容）を記載することが考えられます。また、契約成立時だけでなく、特約の中途付加等の申込みに対する承諾の場面でも、民法の特則として、発信主義の合意を行うことが考えられます。

ただ、ここでの「発信主義」が、保険契約者に対して承諾の通知が到達することを要しないという趣旨を含むものである場合には、保険契約者にとって不利な約定であると考えられるため、このような特別の定めが常に認められるわけではないと思われます。また、生命保険の場合には、いわゆる責任遡及条項が定められているのが一般的であり、保険契約が成立した場合には、告知書の提出や第1回保険料の支払いなどの要件を充足した時点に遡って責任が開始するとされているため、保険契約の成立日がいつであるかがあまり重要でないという特徴があります。そのため、新民法における到達主義のままでも、実務上の支障はないと考えることも可能です。したがって、新民法が到達主義を採用した趣旨を重視し、また必ずしも承諾が到達したことの確認が困難であるとはいえない実態等も考慮して、到達主義のルールに従うとすることも考えられます。

この点については、各保険会社の判断になりますが、新民法のルールと異なる取扱いを行う場合には、保険契約者との間で有効な合意が成立していることが必要となりますので、丁寧に説明を行う必要があるでしょう。

なお、保険契約の申込み後に申込者が死亡等した場合の取扱いについては、後記5をご参照ください。

4　意思表示の受領能力

１．はじめに

新民法においては、意思能力に関する規定が設けられ、また、意思表示は原則として相手方に到達してはじめて効力を有するとされています。そこで、意思表示の相手方が、その意思表示を受領した際に、意思能力を喪失していた場合にどうなるのかについても、明確にルールを設けておく必要があります。もともと、旧民法では、相手方が意思表示を受けた時に未成年者または成年被後見人であったときは、その意思表示をもってその相手方に対抗することができない旨が定められていました（旧民法 98 条の 2）。

新民法では、相手方が意思能力を喪失した場合にも同様のルールが適用されることを明確にしました。詳細は、以下のとおりです。

２．新民法の内容

（意思表示の受領能力）
第 98 条の 2
　意思表示の相手方がその意思表示を受けた時に意思能力を有しなかったとき又は未成年者若しくは成年被後見人であったときは、その意思表示をもってその相手方に対抗することができない。ただし、次に掲げる者がその意思表示を知った後は、この限りでない。
①　相手方の法定代理人
②　意思能力を回復し、又は行為能力者となった相手方

(1)　相手方の意思無能力　【一部変更】

新民法では、意思表示の相手方がその意思表示を受けた時に意思能力を有しなかった場合には、その意思表示をもってその相手方に対抗できないこととさ

れています。すなわち、相手方が通知受領時に意思能力がなくなっていれば、意思表示の効力を主張できないことになります。これは、意思能力を喪失した意思表示の相手方の保護を考慮したものです。

一方で、相手方に法定代理人がいる場合、その法定代理人が意思表示を知った後であれば、意思表示の効力を主張しても、相手方の保護に欠けることになりません。また、相手方が意思能力を回復した後に、その意思表示を知ったのであれば、同様に相手方の保護に欠けることにはなりません。そこで、新民法98条の2第1項ただし書においては、これらの場合には、意思表示の効力を対抗できるとされています[16]。

(2)　経過措置

施行日前にされた意思表示については、新民法98条の2の規定にかかわらず、旧民法の規定に従うこととされています（附則6条1項）。

3．保険実務における留意点

生命保険は長期に及ぶことが多いため、契約後に保険契約者が意思能力を失うことも十分に考えられます。また、損害保険においても、事故等によって脳に障害を負い、意思能力に問題が生じることも考えられます。そのため、たとえば、告知義務違反が判明した場合の解除や保険料不払いに基づく解除の意思表示等の場面で、保険契約者の意思能力が問題となる可能性があります。

したがって、たとえば、高齢者との保険契約の締結後に、通知等を送付する場合には、単に書面を送付するだけでなく、電話や面談で本人に受領の確認を

16）なお、旧民法では、通知の受領者が未成年者または成年後見人であった場合については規定を設けていましたが、これらの者が、成年に達した場合、または、後見開始の審判の取消しがあった場合、すなわち、行為能力を備えたとされる場合の規定はありませんでした。新民法では、相手方が行為能力者になった場合には、意思表示の内容を理解できその者の保護に欠けることにならないので、意思表示の効力を対抗できる旨が規定されています。

したり、通知の内容等について本人が理解していることの確認をすることが望ましいでしょう。

なお、最近では、保険契約者が高齢者の場合に、第２連絡先となる家族の連絡先を登録する制度を設けている保険会社もみられます。高齢者との契約については、トラブルも多いため、契約締結時だけでなく、契約締結後のさまざまな異動や保険金請求の場面でも、家族を交えた対応を行っていくことが重要であると思われます。

5　申込者の死亡

1．はじめに

前記4の場合と異なり、意思表示の受領者ではなく、契約の場面で申込者が申込みの通知をした後に、意思能力を喪失するといった事情が生じた場合には、どのようなルールが適用されるのでしょうか。旧民法では、申込者が申込みの通知を発送した後に、死亡したり行為能力を喪失したりした場合、原則として申込みの効力は妨げられないが（旧民法97条2項）、申込者が反対の意思を表示していたとき、または申込みの相手方が申込者の死亡や行為能力の喪失を知っていたときには、申込みは効力を有しないとされていました（旧民法525条）。

新民法においては、申込者が申込みの通知発送後に意思能力を喪失した場合や行為能力の制限を受けた場合を含めて、明確にルールを定めることにしました。詳細は、以下のとおりです。

2．新民法の内容

（申込者の死亡等）
第526条
　申込者が申込みの通知を発した後に死亡し、意思能力を有しない常況にある者となり、又は行為能力の制限を受けた場合において、申込者がその事実が生じたとすればその申込みは効力を有しない旨の意思を表示していたとき、又はその相手方が承諾の通知を発するまでにその事実が生じたことを知ったときは、その申込みは、その効力を有しない。

(1)　申込みの効力　【一部変更】

前述のとおり、新民法97条3項においては、意思表示をする人（表意者）が、意思表示をするための通知を発した後に死亡し、または意思能力を喪失し、または行為能力の制限を受けることとなった場合でも、意思表示の効力に影響はないとされています。しかし、新民法526条では、新民法97条3項の特則を定めています。

すなわち、通知を発した後に申込者に死亡、意思無能力、行為能力の制限が生じたとしても申込みの意思表示は有効であるという枠組みは維持しながら、申込者がこれと反対の意思表示をしていた場合や、相手方が承諾の通知を発するまでに申込者の死亡、意思無能力、行為能力の制限を知った場合には、申込みは効力を有しないとされています[17)]。

(2) 経過措置

施行日前に通知が発せられた契約の申込みについては、新民法526条の規定にかかわらず、旧民法の規定に従うこととされています（附則29条2項）。

3．保険実務における留意点

損害保険と異なり、生命保険の実務においては、保険契約者が申込みをした後に、審査のために1～2週間かかることがあります。そのため、いわゆる責任遡及条項を設け、保険契約が成立した場合には、告知書の提出や第1回保険料の支払いなどの要件を充足した時点に遡って責任が開始するとされているのが一般的です。

そして、旧民法の下では、隔地者に対する意思表示は、表意者が通知を発した後に死亡等しても効力を妨げられないが（旧民法97条2項）、相手方が申込者の死亡等を知っていた場合には同97条2項は適用されないとされていました（旧民法525条）。具体的には、被保険者が申込みの到達以前に死亡等したことを保険会社が申込到達前に知ったときは、申込みは効力を生じないとする一方、申込到達後に保険会社が当該事情を知った場合には、申込みは有効であると理解されていました。

17）我妻ほか・コンメンタール民法1056頁。

このように、旧民法は、保険会社の承諾前に被保険者の死亡が生じても、基本的に契約の申込みは有効であることが前提となっていたため、告知書の提出等の要件を充足した後、保険会社が承諾する前に被保険者が死亡した場合には、そのことを知った保険会社は、一定の場合には信義則の観点から承諾を拒否できないとする考え方が有力でした（いわゆる承諾前死亡の問題）。

しかし、新民法526条は、申込者が死亡等したことを相手方が承諾の通知を発するまでに知ったときは、申込みは効力を生じないこととされており、申込みの到達後に被保険者が死亡等した場合や、保険会社が死亡等の事実を知ったのが申込みの到達後であった場合についても、申込みの効力が否定されることになりました。これを前提にすると、申込みが有効である前提で、保険会社が承諾を拒めないとしていた実務に影響が生じる、すなわち、申込到達後に保険会社が申込者の死亡等を知った場合、申込みが無効となる結果、承諾をする余地がなくなるのではないかという疑問が生じます。

そこで、新民法526条が任意規定であることを考慮し、保険会社としては、たとえば、申込後に被保険者（申込者）について死亡、意思能力の欠如、行為能力の制限といった事情が生じても、申込みは効力を有する旨を保険契約申込書や約款に明記しておくといった対応が考えられます（この場合には、一律に申込みを有効なものとして扱うことになります）。

もっとも、この点に関しては、約款や重要事項説明書等において、責任遡及条項が定められていることをもって、新民法526条の適用を制限する特段の合意があるものとし、上記のような申込書や約款の見直しは不要であるとする考え方もあります。生命保険の申込者としても、一般的には死亡の場合に保険契約の成立（それに基づく保険金の支払い）を望むため、申込みの有効性が確保されることを期待するのが通常の意思であると考えられることから、かかる考え方にも一定の合理性があります。

一方、損害保険や死亡保障のない医療保険については、必ずしも申込者が死亡した場合に、保険契約の成立を望むとは限らないことから、個々の商品性や責任遡及条項の有無といった事情を踏まえて、申込みの有効性を判断することになると考えられます。

Ⅳ

債務の弁済に関する改正

1 弁済

1．はじめに

弁済に関する規定は、保険料や保険金の支払い、保険料の返還など、保険契約に関するさまざまな金銭債務の履行の場面で問題となります。保険実務においては、新民法のうち、以下に関する規定が重要であると考えられます[1]。

① 預貯金口座に対する払込みによる弁済
② 第三者弁済
③ 弁済による代位
④ 弁済の充当

特に①預貯金口座に対する払込みによる弁済については、新民法で新設された規定です。保険会社が保険金等の支払いを預貯金口座に対する振込みによって行う場面について定めるものであり、保険実務において広く適用されることになる規定であるため、実務的に押さえておく必要があると思われます。

2．預貯金口座に対する払込みによる弁済　【新設】

(1)　新民法の内容

（預金又は貯金の口座に対する払込みによる弁済）
第477条
債権者の預金又は貯金の口座に対する払込みによってする弁済は、債権者がその預金又は貯金に係る債権の債務者に対してその払込みに係る金額の払戻しを請求する権利を取得した時に、その効力を生ずる。

1）旧民法にはなかった弁済の意義に関する規定（「債務者が債権者に対して債務の弁済をしたときは、その債権は、消滅する。」（新民法473条））が設けられ、弁済の意義も明確化されました。

保険実務においては、保険契約に基づく保険料や保険金の支払い、保険契約を解約した場合に発生する解約返戻金の支払い、未経過保険料等の返還などの場面において、日常的に「弁済」が行われていますが、実際には、預貯金口座に対する払込みによって弁済が行われることがほとんどです。その場合に、どの時点で弁済の効力が生じるのかについては、旧民法では特に定められていませんでした。

そこで、新民法においては、預貯金口座に対する払込みによる弁済について、「債権者の預金又は貯金の口座に対する払込みによってする弁済は、債権者がその預金又は貯金に係る債権の債務者に対してその払込みに係る金額の払戻しを請求する権利を取得した時に、その効力を生ずる。」という規定を新設しました（新民法477条）。同規定は、弁済の効果、すなわち債権消滅の効力が発生する時期について、受取人（債権者）の預貯金契約において、その預貯金に係る債権の債務者（金融機関）に対して、その払込みに係る金額の払戻しを請求する権利を取得した時（＝払い込んだ金額に係る預貯金債権が成立した時）であることを明確にしています。

したがって、預貯金口座に対する払込みの場合には、債務者が送金の手続を行った時（すなわち送金時）ではなく、債権者の口座に着金した時（すなわち着金時）に弁済の効力が生じるものと考えられます。ただし、着金時といっても、「預貯金債権が成立した時」がいつの時点を指すのかについては、新民法においても明確に規定されておらず、解釈に委ねられています[2)]。この点については、金融機関のシステムにも関わる問題であり、特に最近では、送金の手続を行うと即時にオンラインで相手の預金口座に計上される場合もあるなど、送金と着金の時間的間隔が短くなっているため、実務的に問題となる場面は少なくなっています。

2）もっとも、誤振込みに関する判例ですが、最判平成8年4月26日民集50巻1267頁は、振込金額が受取人の預金口座に入金記帳された時に受取人と金融機関との預金契約に基づいて預金払戻請求権が成立するとしているため、「入金記帳時」を軸に議論されることになると思われます。

(2)　保険実務における留意点

従来は、保険料の支払いにつき、保険会社が指定する金融機関の特定の口座に保険料を振り込む方法による弁済は、保険会社と保険契約者との間で代物弁済に関する合意があるものと解されていました[3)]。新民法477条は、あくまでも弁済の1つの方法として預貯金口座に対する払込みによる弁済について規定しており、代物弁済という考え方は採用していないので、従来の考え方に変更が生じることになります。

また、保険金の支払いについて、生命保険の約款では、保険会社の本店または支店で支払うと定めているものが一般的ですが、実務上は、預貯金口座に対する払込みによる支払いが定着しています。そして、約款上の履行期を過ぎて保険金を支払う場合の取扱いについて、弁済の効力は送金時に生じるものとし、送金時までしか遅延損害金を支払わないこととしている保険会社と、着金時まで遅延損害金を支払うこととしている保険会社に分かれていました。旧民法の下では、預貯金口座に対する払込みに関する規定がなく、「本店又は支店で支払う」とする約款上の義務につき、受取人の利便を図るために別途口座振込みによる方法の合意をしているものと解すれば、送金時までしか遅延損害金が生じないと解釈することにも一定の合理性がありました。

ところが、新民法477条が預貯金口座に対する払込みに関する規定を新設したことに伴い、着金時（これをいつの時点と解釈するかは一義的ではありません）に弁済の効力が生じることが原則となりましたので、着金時までの遅延損害金を支払うこととするのが、通常の債権者の期待に沿うものと考えられます。そのため、実務的には、送金から着金までの日数を想定し、その日数分の遅延損害金を上乗せして保険金を預貯金口座に振り込むこととするのが合理的な対応であるといえます。

このように、預貯金口座に対する払込みが一般化していることからすれば、民法の改正を踏まえた対応として、約款にも口座振込みによる払込方法についての規定を設けることが考えられます。そして、新民法477条は任意規定であ

3）山下・保険法347頁。

るため送金時までしか遅延損害金を支払わない旨の約定をするのであれば、この点もあわせて規定しておく必要があります。

この点を踏まえた約款のイメージとして、保険会社で検討されている案としては、以下のようなものがみられます。これは、「本店又は支店で支払う」ことを原則的な義務として規定しつつ、口座振込みの方法をとる場合には、保険会社は払込みの手続を5営業日以内に行えば足りることを規定しているものと考えられます。

第○条（保険金等の請求、支払時期および支払場所）

1　本条の規定により保険金等の請求を受けた場合、保険金等は、その請求に必要な書類が当会社に到着した日（当会社に到着した日が営業日でない場合は翌営業日。以下本条において同じ。）の翌日からその日を含めて5営業日以内に、当会社の本店で支払います。

2　本条の規定により保険金等の請求を受けた場合において、当会社が認めたときは、保険金等は、保険金等の受取人の口座（当会社の指定した金融機関等の口座に限ります。）に払い込む方法により支払うものとし、当会社は、第3項から第5項までの規定にかかわらず、その請求に必要な書類が当会社に到着した日の翌日からその日を含めて5営業日以内に（第4項または第5項を適用する場合には、当該各項に規定する日数を経過する日までに）、払込みの手続を行います。

3 ～ 5（略）

3．第三者弁済

(1)　第三者弁済の概要

第三者弁済とは、債務者以外の第三者が、当該債務者の債務を弁済することをいい、これにより弁済と同一の効力が生じます。たとえば、保険契約者の親族が契約者に代わって保険料を支払った場合には、これにより弁済の効力が生じることになります。

第三者弁済は、原則として可能ですが（新民法474条1項）、例外として、その債務の性質が第三者の弁済を許さないとき、または当事者が第三者の弁済を禁止し、もしくは制限する旨の意思表示をしたときは、認められません（同条4項）。

また、以下で詳しく説明するとおり、第三者弁済が可能な場合でも、債務者の意思に反する場合には、当該第三者が①正当な利益を有する第三者であるか、②正当な利益を有しない第三者であるかによって、効果が変わることになります。

(2) 新民法の内容

正当な利益を有する第三者については旧民法から変更はありませんが、正当な利益を有しない第三者については、第三者の弁済が債務者の意思に反することを債権者が知らなかった場合のルールが新たに設けられました。

（第三者の弁済）
第474条
1　債務の弁済は、第三者もすることができる。
2　弁済をするについて正当な利益を有する者でない第三者は、債務者の意思に反して弁済をすることができない。ただし、債務者の意思に反することを債権者が知らなかったときは、この限りでない。
3　前項に規定する第三者は、債権者の意思に反して弁済をすることができない。ただし、その第三者が債務者の委託を受けて弁済をする場合において、そのことを債権者が知っていたときは、この限りでない。
4　前3項の規定は、その債務の性質が第三者の弁済を許さないとき、又は当事者が第三者の弁済を禁止し、若しくは制限する旨の意思表示をしたときは、適用しない。

(i) 正当な利益を有する第三者による弁済　【変更なし】

新民法においては、弁済をする正当な利益を有する第三者による弁済は、前述した例外事由に該当しない限り、有効とされており（新民法474条1項・2項）、この点に関しては旧民法からの変更はありません。

旧民法の下での判例[4]では、旧民法474条2項における「利害関係」を有する第三者とは、弁済をするについて法律上の利害関係を有する第三者をいうものと解されており、この判例の解釈は、新民法の下でも妥当すると考えられます。

たとえば、保証人や連帯債務者、保険契約における保険金受取人などは、「正当な利益を有する第三者」に含まれると考えられます[5]（もっとも、保証人や連帯債務者は、自己の債務として弁済することが可能であるため、あえて第三者弁済の規定により説明する実益は乏しいと考えられます[6]）。

(ii) 正当な利益を有しない第三者による弁済 【一部変更】

たとえば、保険契約に関係のない契約者の親族が契約者に代わって保険料を支払った場合には、当該親族は正当な利益を有しない第三者といえます。このような弁済をする正当な利益を有しない第三者による弁済は、債務者の意思に反しなければ可能ですが、債務者の意思に反する場合は、原則として弁済をすることができません（新民法474条2項本文）。

ただし、債務者の意思に反することを債権者が知らなかったときは、第三者弁済をすることができるとされています（新民法474条2項ただし書）。すなわち、債務者の意思に反する第三者弁済は、原則認められませんが、債務者の意思に反することを債権者が知らなかった場合には例外的に弁済が認められることになります。

旧民法においては、第三者の弁済が債務者の意思に反することを債権者が知らなかった場合の規定はありませんでしたが、債務者の意思に反するかどうかわからないときに、債権者が弁済を受領することを躊躇するという問題が指摘

4）最判昭和39年4月21日民集18巻4号566頁。

5）保険金受取人は、保険契約に基づき保険金を受け取る地位を有していますが、保険料の支払いがなされない可能性がある場合に、契約者に代わって保険料を支払うことで、保険契約の失効を回避し、保険金請求権を維持することが可能となるため、保険料の弁済について正当な利益を有する第三者と解する余地があります。

6）一問一答189頁。

▶図表Ⅳ－１　第三者による弁済のフローチャート

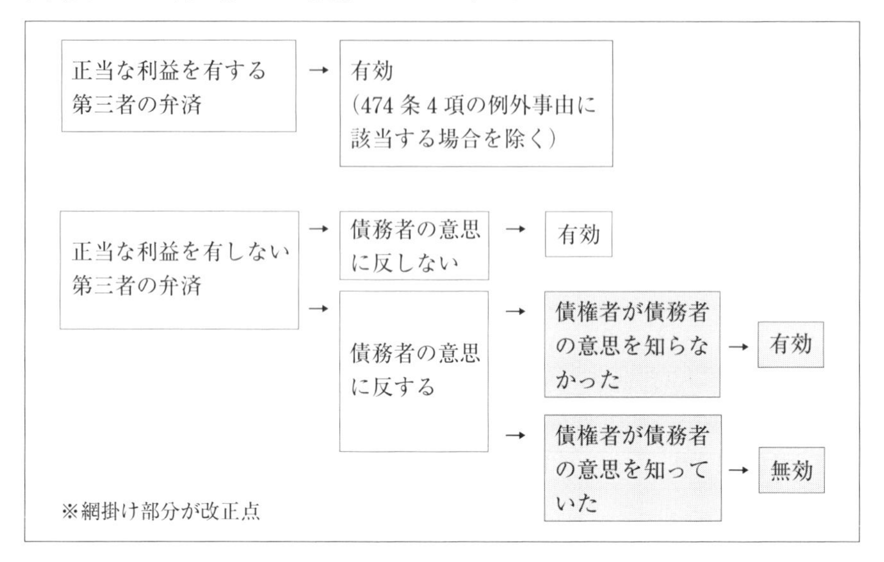

されたことを踏まえて、新民法474条2項ただし書が追加されました。

上記の内容を整理すると、図表Ⅳ－１のとおりです。

(iii)　債権者の受領拒絶権　【変更】

新民法では、正当な利益を有しない第三者の弁済については、債権者に弁済の受領を拒絶する権利が認められています。すなわち、正当な利益を有しない第三者による弁済が有効とされる場合（図表Ⅳ－１参照）であっても、債権者は、債務者以外の第三者からの弁済を拒絶できるとされました（新民法477条3項本文）。ただし、当該第三者が債務者の委託を受けて弁済する場合において、そのことを債権者が知っていたときは、債権者は弁済の受領を拒絶することができないとされています（同項ただし書）。

これは、弁済をする正当な利益を有しない第三者による弁済について、そのような者による弁済を受けることを債権者が望まない場合には、その意思を尊重するのが適切であるという理由によるものです[7]。これにより、債権者は、債務者の意思がわからない場合には、第三者の弁済を受領するか（弁済は有効となる）、拒絶するか（弁済は無効となる）の選択権を有することになります。

(3) 保険実務における留意点

正当な利益を有する第三者による弁済については、旧民法と同様であるため、保険実務に与える影響はないと考えられます。

これに対し、正当な利益を有しない第三者による弁済については、債務者の意思に反する場合でも、債権者がこれを知らなかった場合には有効になります。したがって、保険会社としては、保険契約者の親族など、正当な利益を有しない第三者から保険料等の支払いを受ける場合に、債務者である保険契約者の意思を確認せずに支払いを受領したとしても、当該第三者による弁済は有効になります。

もっとも、後の紛争を避けるために、保険会社としては、債務者である保険契約者以外の第三者から弁済がなされようとした場合には、可能な限り債務者の意思を確認しておくべきといえます。債務者の意思に反するか否かが不明の場合には、第三者による弁済の受領を拒絶することも考えられるでしょう。

4．弁済による代位

(1) 弁済による代位の概要

弁済による代位とは、債務者以外の第三者、または債務者とともに債務を負う者（連帯債務者、保証人等）が弁済をした場合において、債務者に対する弁済者の求償権を確保するため、債権の効力および担保として債権者が有していた一切の権利を行うことができるという制度です。

旧民法の下においては、弁済をする正当な利益を有する第三者が代位する場合を「法定代位」、正当な利益を有しない第三者が代位する場合を「任意代位」

7）一問一答189頁。

と呼んでおり、本書においても、便宜上この区別を用いることとします。

たとえば、保険契約者が保険料を支払わないために、保険金受取人が保険契約者に代わって保険料を支払った場合には、保険契約者以外の第三者が弁済をしたことになります。この場合、保険金受取人は、保険契約者に対して求償権を有することになるので、これを確保するため、保険会社が保険契約者に対して有する権利（保険料請求権等）を行使することができます。

(2)　新民法の内容

(i)　弁済による代位の要件と効果　【一部変更】

（弁済による代位の要件）
第499条
債務者のために弁済をした者は、債権者に代位する。

（弁済による代位の効果）
第501条
1　前2条の規定により債権者に代位した者は、債権の効力及び担保としてその債権者が有していた一切の権利を行使することができる。
2　前項の規定による権利の行使は、債権者に代位した者が自己の権利に基づいて債務者に対して求償をすることができる範囲内（保証人の1人が他の保証人に対して債権者に代位する場合には、自己の権利に基づいて当該他の保証人に対して求償をすることができる範囲内）に限り、することができる。
3　（略）

弁済をする正当な利益を有する第三者による弁済については、旧民法と変わらず、当然に代位が認められています（新民法499条）。これに対し、弁済をする正当な利益を有しない第三者による弁済の場合（任意代位）は、旧民法の下においては債権者の承諾が必要とされていました。しかし、債権者は弁済を受領して満足を得た以上、その後の担保や保証等について独自の利益を有しているとはいえず、承諾を要するとすることには合理性があるとはいいがたいため、新民法においては、債権者の承諾は不要とされました（同条）。

なお、後者の任意代位の場合は、債権譲渡の対抗要件に係る新民法467条の規定が準用されることになる（新民法500条）ため、債務者または第三者に対抗するためには、債権譲渡の対抗要件を具備する必要があります（法定代位の場合は当然に代位することになるため、同467条の準用はありません）。

弁済による代位の効果については、新民法501条1項に規定されており、債権者に代位した者は、債権の効力および担保としてその債権者が有していた一切の権利を行使することができるとされています。そして、代位による権利の行使は、債権者に代位した者が自己の権利に基づいて債務者に対して求償をすることができる範囲内に限り、行うことができるとされています（同条2項）。

(ii) 一部弁済による代位の場合 【変更】

債権の一部について代位弁済があったときは、代位者は、債権者の同意を得て、その弁済をした価額に応じて、債権者とともにその権利を行使することができるとされています（新民法502条1項）。これは、一部代位者が単独でも担保権の実行ができるとした旧民法の下における判例法理[8]を変更したものです。

また、新民法502条2項では、その場合でも、債権者は単独でその権利を行使することができるとされています。

(3) 保険実務における留意点

保険実務上、民法における弁済による代位が問題となる場面は少なく、改正による保険実務への影響はそれほど大きくないといえます。

もっとも、保険契約者以外の第三者が保険料の弁済を申し出る場面は少なからずあると思われますので、第三者による弁済がなされた場合には、弁済による代位に関する規定が適用されることを理解しておくべきでしょう。

8）大決昭和6年4月7日民集10巻535頁。

5．弁済の充当

(1)　弁済の充当の意義

弁済の充当とは、債務者が同一の債権者に対して、同種の給付を目的とする数個の債務を負担している場合等において、弁済をする者がした給付がその債務の全部を消滅させるに足りないときに、その給付をどの債務の弁済に充てるべきか等を定めることをいいます。

たとえば、保険契約者がA契約とB契約に加入している場合において、A契約およびB契約の保険料の全額に満たない金額を支払ったときは、A契約の保険料の弁済に充てるべきか、B契約の保険料の弁済に充てるべきかという問題です。

(2)　新民法の内容　【明確化】

新民法においては、以下の場合における弁済の充当方法について、条文上明確にされました。

Case ❶	債務者が同一の債権者に対して同種の給付を目的とする数個の債務を負担する場合において、弁済として提供した給付がすべての債務を消滅させるのに足りないとき

Case ❷	債務者が1個または数個の債務について元本のほか利息および費用を支払うべき場合において、弁済をする者がその債務の全部を消滅させるのに足りない給付をしたとき

このうち❶については、当事者の一方の指定によって充当すること（指定充当。新民法488条2項）が可能ですが、当事者の指定がない場合には、法定の方法により充当される（法定充当。同条4項）ことが明文化されています。

また、❷については、指定充当はすることができず、費用、利息、元本の順序で充当がされると定められ、そのうえで、充当の結果、その一部が消滅しない費用、利息または元本については、それが複数あるときは、まずは当事者の指定によって充当することが可能であるが、当事者の指定がない場合には法定の方法により充当されると定められています（新民法489条）。

さらに、❶と❷のいずれの場合についても、弁済をする者と弁済を受領する者との間に弁済の充当の順序に関する合意があるときは、その順序に従ってその弁済を充当することが明文化されています（新民法490条）。

以上をまとめると、当事者間における弁済の充当の合意が最も優先され、合意がない場合は、当事者による充当の指定があるかが問題となり、指定があれば指定充当の規定が、指定がなければ法定充当の規定が適用されることになります。

(3) 保険実務における留意点

今回の改正は、旧民法におけるルールをわかりやすく整理したものであり、大きな変更はありません。保険実務においても、上記❶および❷のような場面が生じることはありうるため、弁済の充当に関するルールについて正確に理解しておくことが重要であると思われます。

6．その他

旧民法では、債権の準占有者に対する弁済は、弁済者が善意無過失の場合に限り有効とされていました。

新民法においても、このルールに変更はありませんが、「受領権者としての外観を有するもの」という文言に変更されています（新民法478条）。

7．経過措置

弁済に関する経過措置においては、施行日前に発生した債務の弁済については、旧民法の規定に従うこととされており、また、特に弁済の充当に関する規定については、施行日前に弁済がされた場合は、新民法の規定は適用されず、旧民法の規定に従うこととされています（附則25条）。

2　相殺

1．はじめに

相殺に関する規定は、当事者が互いに金銭の債権債務を有する場面において、対当額で差引計算することにより簡易に決済を行うときなどに適用されます。

保険実務上、解約返戻金額の一定の範囲内で、保険契約者が保険会社から貸付けを受けられる契約者貸付の制度があり、生命保険会社の契約者貸付に関する約定では、解約返戻金額の一定割合（8～9割程度）の範囲内で、保険契約者は保険会社から貸付けを受けることができるものとされています。

相殺に関する改正点は、特にこの契約者貸付金と解約返戻金との相殺の場面に関係がありますので、正確に理解しておくべきポイントといえます。

2．相殺の意義

（相殺の要件等）
第505条
1　2人が互いに同種の目的を有する債務を負担する場合において、双方の債務が弁済期にあるときは、各債務者は、その対当額について相殺によってその債務を免れることができる。ただし、債務の性質がこれを許さないときは、この限りでない。
2　前項の規定にかかわらず、当事者が相殺を禁止し、又は制限する旨の意思表示をした場合には、その意思表示は、第三者がこれを知り、又は重大な過失によって知らなかったときに限り、その第三者に対抗することができる。

相殺とは、債務者が債権者に対して同種の債権を有する場合に、その債権と自己の債務を「対当額」について一方的な意思表示により消滅させることをいいます（新民法505条）。

たとえば、AがBに対して甲債権を有し、BがAに対して乙債権を有している権利関係（甲乙債権はいずれも金銭債権）において、Bは、甲債権を乙債権との相殺により消滅させることができます。この場合の甲債権を受働債権、乙債権を自働債権といいます。

相殺は、対当額について差引計算することで、自働債権と受働債権のそれぞれについて当事者双方が弁済をするという二重の手数を省くことができる点で、簡易決済機能があるといわれています。また、自働債権の債権者は、受働債権の範囲内で、他の一般債権者に優先して自己の債権を相殺により回収することができる点で、担保的機能があるといわれており、この点も重要な機能とされています。

３．新民法の内容

（差押えを受けた債権を受働債権とする相殺の禁止）
第511条
1　差押えを受けた債権の第三債務者は、差押え後に取得した債権による相殺をもって差押債権者に対抗することはできないが、差押え前に取得した債権による相殺をもって対抗することができる。
2　前項の規定にかかわらず、差押え後に取得した債権が差押え前の原因に基づいて生じたものであるときは、その第三債務者は、その債権による相殺をもって差押債権者に対抗することができる。ただし、第三債務者が差押え後に他人の債権を取得したときは、この限りでない。

(1)　差押えと相殺　【明確化】

旧民法においては、たとえば、上記２.で挙げた事例において、Aの債権者であるCが甲債権を差し押さえた場合に、Bは乙債権を自働債権、甲債権を受働債権として相殺することができるか、甲乙の弁済期がいずれも到来している必要があるか、また、その必要がないとしても弁済期の先後が問題となるのか、という点について解釈に争いがありました。この問題は、いわゆる「差押えと相殺」に関する論点として、学説上も複数の見解が対立し、判例法理も形成されていました。

新民法においては、判例法理が明文化され、差押え前に取得した債権を自働債権とする限り、差押え時に相殺適状（相殺の要件が具備されている状態をいいます）にある必要はなく、自働債権と受働債権の弁済期の先後も問わず、差押債権者に相殺を対抗できるとされました（新民法511条1項）。

上記の例でいえば、Bは、差押え時に乙債権を取得していれば、差押え時に甲乙債権が弁済期にある必要はなく、また、その弁済期の先後も問わずに、差押債権者であるCに相殺を対抗することができることになります。

⑵　差押え後に自働債権が発生した場合　【新設】

上記⑴は、差押え時に自働債権が発生している場合のルールですが、差押え時には具体的に発生していないものの、発生原因が存在する債権を自働債権とする相殺が許されるか否かについても争いがありました。

新民法においては、差押え後に取得した債権であっても、それが差押え前の原因に基づいて生じたものであるときは、これを自働債権とする相殺を差押債権者に対抗できるとされました（新民法511条2項）。これは、契約等の債権の発生原因となる行為が差押え前に生じていれば、債権発生後の相殺に対する期待は合理的なものとして保護すべきといえるからです。

⑶　不法行為等による債権を受働債権とする相殺の禁止　【一部変更】

（不法行為等により生じた債権を受働債権とする相殺の禁止）
第509条
　次に掲げる債務の債務者は、相殺をもって債権者に対抗することができない。ただし、その債権者がその債務に係る債権を他人から譲り受けたときは、この限りでない。
①　悪意による不法行為に基づく損害賠償の債務
②　人の生命又は身体の侵害による損害賠償の債務（前号に掲げるものを除く。）

旧民法においては、不法行為に基づく損害賠償請求権を受働債権とする相殺を禁止し、さらに判例では、双方の過失による同一の交通事故によって生じた物的損害に係る損害賠償請求権の相互間であっても、相殺は禁止されるとされていました[9]。

しかし、相殺禁止の趣旨は、現実の給付を受けさせることによる被害者の保護と不法行為の誘発防止にあるところ、旧民法の相殺禁止の範囲はかかる趣旨に照らして過度に広範であるとの指摘がありました。

そこで、新民法は、相殺禁止の対象となる不法行為に基づく損害賠償請求権を「悪意による」ものと規定することにより、相殺禁止の範囲を限定しています（新民法509条1号）。なお、法制審議会民法（債権関係）部会によれば、「悪意による」とは、破産法253条1項2号の「悪意」と同様に、単なる故意とは異なり、積極的に他人を害する意思をもって不法行為を行った場合であるとされています。

さらに、上記相殺禁止の趣旨からすれば、不法行為に係る請求権以外にも、たとえば、安全配慮義務違反（債務不履行）に基づく損害賠償請求権など、現実に給付を受けさせる必要性の高い債権を受働債権とする相殺も禁止すべきであるといえます。そこで、新民法においては、「人の生命又は身体の侵害による損害賠償の債務」については、不法行為に基づくものでない場合であっても、相殺禁止の対象になると定められました（新民法509条2号）。

4．保険実務における留意点

(1) 解約返戻金と貸付金の相殺

契約者貸付については、保険契約が消滅した場合に、保険会社が支払うべき保険金や解約返戻金等の額から契約者貸付による元利金を差し引くことができる旨が約款で定められています。これは、実質的にみれば、保険会社が契約者に対して有する元利金請求権と、契約者が保険会社に対して有する保険金等の

9）最判昭和49年6月28日民集28巻5号666頁。

請求権とを対当額で相殺することを意味します。

そこで、保険会社が契約者貸付を行っている状況で、契約者の債権者が解約返戻金について差押えを行った場合でも、上記のように元利金を解約返戻金から差し引くことができるか否か、すなわち、保険会社は元利金請求権と解約返戻金債務とを相殺することができるのかという点が問題になります。

上記3.⑴のとおり、新民法は、従来の判例法理を明文化し、自働債権と受働債権の弁済期の先後を問わず、差押債権者に相殺を対抗できると定めています（新民法511条1項）。そもそも契約者貸付の法的性質については、保険金または解約返戻金の前払いであるとする見解（前払い説）と、消費貸借契約であるとする見解（消費貸借説）がありますが[10)]、前払い説によれば、差押え時の解約返戻金額は、貸付金の額を控除した額になるため、相殺の問題は生じませんし、また、消費貸借説によるとしても、新民法511条1項の規定からすれば、差押え時に元利金返還請求権が発生している以上、差押債権者に相殺を対抗できると解する余地があります。

契約者貸付に関する約款の規定は、保険会社によっても異なりますし、別途契約者との間で締結する約定（契約者貸付に係る約定、貸付規定等）の内容にもよりますが、新民法における相殺禁止との関係を整理しておくことが重要であると思われます。

⑵　差押え後の貸付金による相殺の可否

契約者貸付において、解約返戻金に対する差押えがなされた後も、保険会社は追加の貸付けを行うことができるか、すなわち、保険契約の終了時に、追加の貸付け分も含めて解約返戻金から差し引くことができるかという問題があります。

この点に関し、消費貸借説に立ち、かつ、差押え後に発生した貸付金であると解する場合は、新民法511条1項により相殺は許されないと解されることになります。しかし、自動振替貸付のように、貸付けの原因自体が保険契約時に

10）山下・保険法670頁。

おいて発生していると解することができる場合には、差押え後に発生した貸付金返還請求権は、「差押え前の原因」（同条2項本文）に基づいて生じたものであるとして、相殺を対抗できると解する余地もあると思われます（なお、前払い説に立った場合は、解約返戻金自体を前払いすることは「処分」にあたるため、差押え後の貸付けは認められない可能性があります）。

以上のとおり、差押え後の貸付金による相殺の可否については、今後の判例・学説の集積を待つ必要がありますが、新民法の相殺禁止との関係は、必ずしも明確に整理されておらず、差押債権者との間で争いが生じるリスクがあるという点を知っておく必要があると思われます。

5．経過措置

相殺に関する経過措置のうち、差押えを受けた債権を受働債権とする相殺に関する規定（新民法511条）は、施行日前の原因に基づいて自働債権が生じた場合については、旧民法の規定に従うこととされており、また、不法行為等により生じた債権を受働債権とする相殺に関する規定（新民法509条）は、施行日前に生じた債権を自働債権とする相殺については、旧民法の規定に従うこととされています（附則26条2項・3項）。

3　消滅時効

1．はじめに

消滅時効の規定は、保険金請求権や保険料請求権の消滅時効だけでなく、解約返戻金請求権や不当利得返還請求権等の債権についても問題となります。また、保険契約者や被保険者、保険金受取人との関係だけでなく、重複保険や共同保険における他の保険会社に対する求償、自賠責保険への求償等の場面でも問題となります。そして、消滅時効の管理を怠ると、回収不能という経済的損失が生じることになるため、保険会社にとって消滅時効の適切な管理は極めて重要であるといえます。

消滅時効に関する改正点は多岐にわたりますが、保険実務においては、①消滅時効期間と起算点、②時効の完成猶予および更新に関する規定が重要であると考えられます。また、今回の民法改正と同時に、保険法の消滅時効に関する規定も改正されていますので、その影響についても確認しておく必要があります。以下では、これらの点を中心に説明します。

2．消滅時効期間と起算点

(1)　原則的なルール　【変更】

(i)　新民法の内容

（債権等の消滅時効）
第166条
1　債権は、次に掲げる場合には、時効によって消滅する。
①　債権者が権利を行使することができることを知った時から5年間行使しないとき。
②　権利を行使することができる時から10年間行使しないとき。
2・3　（略）

(ii) 消滅時効の期間

新民法においては、消滅時効の起算点とその期間について、「債権者が権利を行使することができることを知った時」(主観的起算点) から「5年間」というルールと、「権利を行使することができる時」(客観的起算点) から「10年間」という2つのルールが規定されています。

この点に関し、旧民法における消滅時効期間のルールは複雑でした。旧民法は、債権等の消滅時効の起算点および期間について、「権利を行使することができる時」(客観的起算点) から「10年間」というルールを原則としたうえで、消滅時効期間に関する例外が旧商法および旧民法に数多く定められていました。具体的には、商行為によって生じた債権 (商事債権) の時効期間は5年間とされ (旧商法522条)、また、職業や債権の種類に応じて3年間・2年間・1年間の短期消滅時効 (旧民法170条～174条) が規定されていました。

したがって、事業者における債権管理の観点からは、商事債権としての5年間の消滅時効期間に服することを原則としつつ、短期消滅時効が適用される債権の該当性を都度判断したうえで、それぞれの時効期間に応じた管理が求められていました。

しかし、短期消滅時効が適用されるか否かを常に明確に判断できるわけではなく、その適用の有無を判断しがたい場面もあったため、事業者による円滑な債権管理の障害となっていました。

新民法においては、このような商事消滅時効および民法上の短期消滅時効が廃止されることとなりましたので、事業者による債権管理が容易になったものと評価できます。ただし、旧民法にはなかった「主観的起算点」という概念が新たに設けられましたので、この点には留意が必要となります。

(iii) 主観的起算点と客観的起算点

新民法では、旧民法において用いられていた客観的起算点 (権利を行使することができる時) という概念に加え、主観的起算点 (権利を行使できることを知った時) という概念が用いられることとなりました。主観的起算点を導入することにより、権利行使が可能であることを容易に知ることができない債権に関して、債権者が不利益を被ることのないようにしつつ、その他の多くの債権については消滅時効期間を短くすることができます。

客観的起算点とは、権利行使について法律上の障害がなく、権利の性質上、その権利行使を現実に期待できる時点を指します。主観的起算点とは、権利行使を期待されてもやむをえない程度に権利の発生原因等を認識した時点を指し、具体的には、権利の発生原因についての認識のほか、権利行使の相手方である債務者を認識する必要があります。

したがって、債権管理に際してはこのような主観的起算点と客観的起算点を整理したうえで、消滅時効期間を検討する必要があります。

一見すると複雑ですが、通常の契約において生じる債権については、債権者としては、権利行使が可能となっていることを自ら認識しているのが通常です。売買契約を例にとると、売主は、代金支払請求権が発生した時点で、その請求権の存在を認識しているのがほとんどでしょう。このように、主観的起算点と客観的起算点は多くの場合には一致することになるため、結果として５年間の消滅時効期間によって管理すべき債権が多くを占めることになると考えられます。

ⅳ　保険契約に関する特則　【一部変更】

以上が原則となりますが、保険契約に関しては、もともと保険法において、旧民法および旧商法の特則として、３年間の短期消滅時効が定められていました。今般、その規定が、新民法の整備法において、以下のとおり一部改正されています。

新保険法
（消滅時効）
第95条　保険給付を請求する権利、保険料の返還を請求する権利及び第63条又は第92条に規定する保険料積立金の払戻しを請求する権利は、これらを行使することができる時から３年間行使しないときは、時効によって消滅する。
2　保険料を請求する権利は、これを行使することができる時から１年間行使しないときは、時効によって消滅する。

保険法の立法作業は、今回の民法改正の議論が始まった時期と同じころに行われており、その中では、新民法の規定にかかわらず、保険契約に基づく保険金請求権や保険料請求権等について、保険法において特則を設けることが想定されていました。そして、保険法の制定時には、「消滅時効は、権利を行使することができる時から進行する」という旧民法166条の規定により起算点が一義的に決まることを前提に、単に「3年間（ないし1年間）行使しないときは、時効によって消滅する」と定めていました。

ところが、新民法において、新たに主観的起算点が設けられたことから、いつが起算点であるかは一義的に決まらないこととなったため、保険法制定時のルールを実質的に維持するために、新保険法95条において、「これらを（これを）行使することができる時から」という文言を追加し、客観的起算点によって判断されることを明確にしたものです。

このように、あくまで保険法に基づく従来の消滅時効の起算点のルールを変更しないために行われた改正ですので、この点の改正により現在の保険実務が影響を受けることになるわけではないと考えられます。

なお、新民法の整備法では、自賠責に関する消滅時効についても、以下のとおり改正されている点に留意が必要です。

新自賠法
（時効）
第19条
第16条第1項及び第17条第1項の規定による請求権は、被害者又はその法定代理人が損害及び保有者を知った時から3年を経過したときは、時効によって消滅する。

（時効）
第75条

> 第16条第4項若しくは第17条第4項（これらの規定を第23条の3第1項において準用する場合を含む。）又は第72条第1項の規定による請求権は、<u>これらを行使することができる時から</u>3年を経過したときは、時効によって消滅する。

(v)　保険実務における留意点

(a)　保険法の特則が適用されない債権

新保険法95条によれば、保険給付を請求する権利、保険料の返還を請求する権利および保険料積立金の払戻しを請求する権利は、権利を行使できる時点から3年間の消滅時効期間が適用され（同条1項）、また保険料を請求する権利は、権利を行使できる時点から1年間の消滅時効期間が適用されますが（同条2項）、これらに含まれない債権については、新民法の原則ルールに従い、主観的起算点から5年間または客観的起算点から10年間の消滅時効期間が適用されることになります。

この点、新保険法95条1項は、保険給付を請求する権利、保険料の返還を請求する権利および保険料積立金の払戻しを請求する権利を列挙しており、これらに準ずる債権については、同項の規定が類推適用され、3年間の消滅時効期間が適用されると解する余地がありますが、何がこれに含まれるかは、保険契約の内容に応じて個別に解釈されることになると考えられます。

これに対し、不当利得返還請求権は、一般にここでの保険法の特則の対象には含まれないと考えられるため、たとえば、保険会社が保険金を過誤払いした場合に、保険金の返還を請求する根拠は不当利得返還請求権と解されることから[11]、このような場面では、新民法の原則ルールが適用される結果、従来の客観的起算点から10年間の消滅時効期間に加えて、保険会社が過誤払いを知った時（主観的起算点）から5年間の消滅時効期間が適用される点に注意が必要です。

11）最判平成3年4月26日集民162号769頁等参照。

なお、一部の共済契約の中には、共済事業規約において、共済契約者が共済掛金の返還の原因となる事実が発生してから３年間請求を行わなかった場合には、共済者は共済掛金返還の義務を免れるとする規定を設けているものが見受けられます。

しかし、上記のとおり、不当利得返還請求権に基づく共済掛金の返還義務が一律に保険法の特則の対象となるものとは考えられないことから、民法改正への対応にあわせて、上記の規定は削除し、過払い（ないし誤払い）による共済掛金の返還については、法律上のルールに従って処理することとするのが望ましいと考えられます。

(b)　保険金請求権における「権利を行使することができる時」

一般に、「権利を行使することができる時」とは、権利行使について法律上の障害がなく、権利の性質上、その権利行使を現実に期待できる時点をいいます。保険金請求権に関して、この「権利行使を現実に期待できる時点」がいつの時点を指すかは、難しい問題があります。

たとえば、被保険者の死亡という支払事由が生じた場合において、保険金受取人が保険契約の存在や自己が権利者であることを知らなかったり、被保険者の死亡の事実を知らなかったとしても、それはあくまで事実上の障害があったにすぎず、死亡時から消滅時効期間が開始されるのが原則です。しかし、死亡時の客観的状況等に照らし、死亡の時からの保険金請求権の行使が現実に期待することができないような特段の事情が存する場合には、消滅時効期間が開始されないと判断した判例[12)]があります。当該事案においては、被保険者が自動車を運転して外出したまま帰宅せず、その行方・消息については何の手がかりもなく、その生死も不明であって、行方不明になってから３年以上経過してから、自動車とともに白骨化した遺体となって発見されたこと等を特段の事情として、被保険者の遺体が発見されるまでの間は、消滅時効が進行しないと判断されました。

これはあくまで事例判決であると考えられますが、保険会社としては、被保

12）最判平成15年12月11日民集57巻11号2196頁。

険者の死亡という支払事由の発生時から消滅時効期間が開始されることを原則としつつ、権利行使を現実に期待することができないような特段の事情が存在する場合は、その事情の終了時から消滅時効期間が開始すると判断される可能性がある点に留意する必要があります。

(c)　求償権等の消滅時効の起算点

上記のような整理に従って、保険会社は適切な時効管理を行う必要がありますが、特に留意が必要な点として、以下のようなものが挙げられます。

第１に、請求権代位（保険法25条）によって生じる求償権についての起算点があります。この求償権は、保険者が被保険者に対して保険金を支払った時に取得するものですが、代位によって被保険者が有する損害賠償請求権等が保険者に移転したものにすぎませんので、損害賠償請求権等の消滅時効の起算点が求償権の消滅時効の起算点となります[13)]。したがって、保険者が求償権を取得した時が起算点となるわけではない点に注意が必要です。

第２に、重複保険（保険法20条）や共同保険における他の保険者に対する求償権についての起算点も問題となります。これらの求償権は、一部の保険者が保険金を支払ったことにより、他の保険者に対して法定の求償権ないし契約上の立替金返還請求権等を新たに取得するものであるため、当該求償権を取得した時から消滅時効期間が開始されるのが通常であると考えられます。

第３に、求償権とは異なりますが、再保険契約に基づく再保険金請求権の消滅時効期間の起算点はいつかという問題もあります。一般に再保険契約は、元受保険者が保険金を支払った後に再保険者に対して再保険金を請求することが前提となっているため、元受保険者による再保険金の支払時が消滅時効の起算点になると考えるのが自然であると思われます。

このように、保険会社としては、各求償権等の発生根拠を確認したうえで、それぞれの消滅時効の起算点に留意して、適切な時効管理を行うことが必要となります。

13）東京高判平成24年３月14日損保研究74巻３号233頁等。

(d)　保険約款の改定の要否

一般の保険約款には、保険金請求権等の消滅時効に関する規定が設けられていますが、その中には、保険法制定時に保険法にあわせて規定が設けられた結果、消滅時効の起算点が明示されていないものがあります。

たとえば、以下のような約款がみられます。

> **第○条（時効）**
> 保険金等、解約返還金、死亡返還金、契約者配当金その他この保険契約にもとづく諸支払金の支払または保険料払込の免除を請求する権利は、3年間請求がない場合には消滅します。

これは、制定時の保険法と同様に、「権利を行使することができる時から3年」の趣旨で規定されたものと考えられますが、今般、保険法95条が改正されたことに伴い、下記のとおり約款改定を行うことが考えられます。

> **第○条（時効）**
> 保険金等、解約返還金、死亡返還金、契約者配当金その他この保険契約にもとづく諸支払金の支払または保険料払込の免除を請求する権利は、これらを行使することができる時から3年間行使しない場合には消滅しま

その他、特に損害保険会社の約款では、保険金請求権の発生時期を約款で定めており、このような定めは一般に有効ですが、保険法の消滅時効の規定が強行規定であることからすれば、保険法の趣旨を没却するような保険金請求権の発生時期の定めが無効になる（あるいは制限的に解釈される）可能性がある点には留意が必要です。

(2)　定期金債権等の消滅時効　【変更】

上記のような一般的な債権の消滅時効とは異なり、定期金債権および定期給付債権については、特別の消滅時効の規定が設けられています。

(i)　新民法の規定

> **(定期金債権の消滅時効)**
> **第168条**
> 1　定期金の債権は、次に掲げる場合には、時効によって消滅する。
> ①　債権者が定期金の債権から生ずる金銭その他の物の給付を目的とする各債権を行使することができることを知った時から10年間行使しないとき。
> ②　前号に規定する各債権を行使することができる時から20年間行使しないとき。
> 2　定期金の債権者は、時効の更新の証拠を得るため、いつでも、その債務者に対して承認書の交付を求めることができる。

「定期金債権」とは、一定または不定の期間にわたって、金銭その他の代替物を給付させることを目的とする債権であり、年金等がこれに該当します。このような定期金債権を基本権として各期日に支払いを請求する権利を「定期給付債権」といい、支分権と表現されます（図表Ⅳ－2（次頁）参照）。

定期金債権に関しては、「債権者が定期金の債権から生ずる金銭その他の物の給付を目的とする各債権を行使することができることを知った時」（新民法168条1項1号）という主観的起算点が設けられました。そして、主観的起算点から10年、客観的起算点から20年の消滅時効期間が適用されることになります（同項1号および2号）。

したがって、基本権である定期金債権については、支分権である定期給付債権を行使できることを知った時から10年間、または行使できる時から20年間行使しない場合に時効によって消滅します。これに対して、支分権である定期給付債権については、消滅時効の原則どおり、行使できることを知った時から5年間、または行使できる時から10年間の消滅時効期間が適用されることになります。

このような改正に伴い、旧民法で規定されていた、定期金債権の消滅時効の起算点を定期給付債権の最後の弁済期とするルールや、定期給付債権の時効期間を5年間とするルールは廃止されました（旧民法169条）。

▶図表Ⅳ－2　定期給付債権

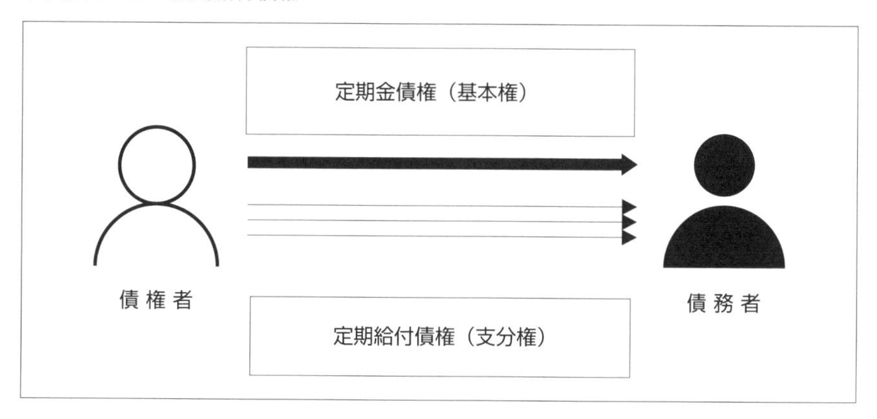

(ii)　保険実務における留意点

ここで、保険契約に関して押さえておくべき点として、年金保険契約の取扱いがあります。年金保険契約に関する各期の給付（支分権）については、前述した保険法の短期消滅時効が適用される結果、権利を行使することができる時から3年間の消滅時効期間が適用されることになります。他方で、支分権の基礎にある基本権については、上記の定期金債権についてのルールが適用されるものと整理されており、主観的起算点から10年、客観的起算点から20年の消滅時効期間が適用されることになります。

したがって、年金保険契約等のように、継続的に各期日に金銭を支払う旨を約する契約においては、消滅時効に関して特別な規定が設けられている点に注意が必要です。

(3)　不法行為による損害賠償に関する消滅時効　【一部変更】

(i)　新民法の規定

（不法行為による損害賠償請求権の消滅時効）
第724条
　不法行為による損害賠償の請求権は、次に掲げる場合には、時効によって消滅する。

> ①　被害者又はその法定代理人が損害及び加害者を知った時から3年間行使しないとき。
> ②　不法行為の時から20年間行使しないとき。

不法行為に基づく損害賠償請求権は、損害および加害者を知った時から3年間の消滅時効期間が適用されることに加えて、不法行為の時から20年間の消滅時効期間が適用されます。

なお、旧民法の下においては、この20年間という期間は除斥期間であるとされていました[14)]。しかし、除斥期間と考えると、時効の中断や停止といったルールが適用されないため、20年間の経過によって権利が消滅することを阻止できない等、被害者による権利の実現が困難になるという側面を有していました。そこで、新民法においては、消滅時効期間であることが明記されました。

ここでの「損害及び加害者を知った時」とは、被害者において、加害者に対する賠償請求が事実上可能な状況の下に、その可能な程度にこれらを知った時を意味するとされています[15)]。

(ii)　保険実務における留意点

保険実務で特に問題となるのは、交通事故等において後遺障害が発生した場合です。

後遺障害が発生した場合には、その後遺障害が顕在化した時が損害を知った時にあたるとした判例があります[16)]。この最高裁昭和49年9月26日判決を受け、その後もさまざまな裁判例が出されています。たとえば、後遺障害が後日発生した場合には、消滅時効の起算点は症状固定日またはその診断を受けた

14）最判平成元年12月21日民集43巻12号2209頁等。
15）最判平成14年1月29日民集56巻1号218頁等。
16）最判昭和49年9月26日交通民集7巻5号1233頁。

時としている裁判例もみられます[17]。

ただし、事故当初から後遺障害の発生を予想できたことを理由に、消滅時効の起算点を事故時またはこれに近い時点と判断している裁判例もあります[18]ので、保険会社としては、後遺障害に関する時効管理は慎重に行う必要があります。

(4) 生命・身体の侵害による損害賠償請求権の消滅時効の特例 【変更】

(i) 新民法の規定

(人の生命又は身体の侵害による損害賠償請求権の消滅時効)
第167条
人の生命又は身体の侵害による損害賠償請求権の消滅時効についての前条第1項第2号の規定の適用については、同号中「10年間」とあるのは、「20年間」とする。

(人の生命又は身体を害する不法行為による損害賠償請求権の消滅時効)
第724条の2
人の生命又は身体を害する不法行為による損害賠償請求権の消滅時効についての前条第1号の規定の適用については、同号中「3年間」とあるのは、5年間」とする。

人の生命および身体の侵害による損害賠償請求権については、権利を行使することができる期間が伸長されました。これは、人の生命および身体に関する利益は、財産的な利益等の他の利益と比べて保護すべき度合いが強いと考えられたためです。

17) 名古屋地判平成19年3月27日交通民集40巻2号428頁等。
18) 東京高判昭和56年2月24日判時998号68頁。

▶図表Ⅳ－3　人の生命および身体の侵害による損害賠償請求権の時効期間

	債務不履行	不法行為
下記以外の侵害	権利を行使することができることを知った時から5年	損害および加害者を知った時から3年
	権利を行使することができる時から10年	不法行為の時から20年
生命または身体の侵害	権利を行使することができることを知った時から5年	損害および加害者を知った時から5年
	権利を行使することができる時から20年	不法行為の時から20年

具体的な時効期間をまとめると**図表Ⅳ－3**のとおりです。人の生命および身体の侵害による損害賠償請求権については、債務不履行または不法行為のいずれに基づくかを問わず、主観的起算点から5年、客観的起算点から20年の消滅時効期間が適用されるという点に特色があります。

(ii)　保険実務における留意点

賠償責任保険においては、人の死亡や傷害に係る損害賠償責任を被保険者が負う場面が多く、被保険者の「法律上の損害賠償責任」の判断にあたり、すでに消滅時効が成立しているか否かが問題となる可能性があります。また、その他の損害保険においても、保険会社が被保険者に保険金を支払った後に、請求権代位により被保険者が有する損害賠償請求権を取得する場合があり、求償権行使の場面で人の生命や身体の侵害に係る損害賠償請求権の消滅時効が問題となる可能性があります。

上記の改正により、人の生命や身体の侵害に係る損害賠償請求権の消滅時効期間が伸長されたため、早期の時効消滅を懸念する必要がなくなった部分もありますが、他方で、債権の種類に応じて消滅時効期間が異なることから、債権管理がより複雑になるという側面もあります。現行の保険実務に及ぼす影響は限定的ですが、適切な消滅時効の管理という観点からは留意が必要です。

3．時効の完成猶予と更新

⑴ 概要

新民法においては、旧民法における時効の中断に代えて「時効の完成猶予」、時効の停止に代えて「時効の更新」という概念が用いられることになりました（新民法147条～161条）。

時効の完成猶予とは、猶予事由が発生しても時効期間の進行自体は止まりませんが、本来の時効期間の満了時期を過ぎても、所定の期間を経過するまでは時効が完成しないことを意味します。これに対し、時効の更新とは、進行していた時効期間の経過が無意味なものとなり、新たにゼロから時効期間の進行がスタートすることを意味します。

旧民法の下では、時効の中断事由として、請求、差押え・仮差押え・仮処分、承認（旧民法147条）が定められ、時効の停止事由として、法定代理人が存在しない場合等、権利者による時効の中断を著しく困難にすると考えられる一定の事由がある場合が定められていました（旧民法158条～161条）。しかし、「中断」や「停止」の文言からは、その意味内容が理解しにくいという問題があったため、新民法においては、「更新」および「完成猶予」というその効果の内容を端的に表現する2つの概念を用いて、ルールを再構成することとしたものです[19]。

⑵ 完成猶予事由と更新事由 【一部変更】

以下では、時効の完成猶予事由および更新事由を具体的に確認します。なお、時効の完成猶予事由である協議を行う旨の合意については、今回の改正により新たに設けられた制度ですので、項を改めて説明します。

(i) 裁判上の請求等

裁判上の請求・支払督促・裁判上の和解・民事調停・家事調停・破産手続参

19）一問一答44頁。

加・再生手続参加・更生手続参加のいずれかの事由が生ずると、各事由が終了するまでの間、時効の完成が猶予されます。

そのうえで、これらの裁判上の手続において、確定判決または確定判決と同一の効力を有するものによって権利が確定したときは、時効の更新がされ、各事由が終了した時から新たに時効期間がスタートすることになります（新民法147条1項および2項）。

他方で、確定判決等によって権利が確定することなく、各事由が終了したときは、その終了の時から6か月間、時効の完成が猶予されます（新民法147条1項括弧書）。

なお、旧民法の下では、裁判上の請求は時効の中断事由とされていたため、訴訟提起をすれば新たに時効期間が開始すると解されていましたが、新民法においては時効の完成猶予事由として位置づけられたことから、訴訟提起によっても直ちに時効期間が再起算されるわけではない点に注意が必要です。

(ii)　強制執行等

強制執行・担保権の実行・形式競売・財産開示手続のいずれかの事由が生ずると、各事由の終了まで時効の完成が猶予されたうえで、当該事由が終了した時に時効の更新がされ、その時点から新たに時効期間が開始することとなります（新民法148条1項および2項）。

ただし、これらの事由に関する申立てが取り下げられ、またはこれらの事由が取り消されることにより各事由が終了した場合には、時効の更新はされず、終了した時から6か月間、時効の完成が猶予されます（新民法148条1項括弧書）。

(iii)　仮差押え等

仮差押え・仮処分のいずれかの事由が生ずると、各事由が終了した時から6か月が経過するまでの間、時効の完成が猶予されます（新民法149条）。

もっとも、これらの手続が認められ、仮差押えまたは仮処分が実施されたとしても、時効の更新はされません。旧民法の下では、仮差押えおよび仮処分が時効の中断事由とされていましたが（旧民法147条2号）、これらはあくまで権利の保全にすぎないため、新民法においては、時効の完成が猶予されるという効果を持つにとどまります。

ⅳ 催告・承認等

催告がなされると、その時から6か月を経過するまでの間、時効の完成が猶予されます（新民法150条1項）。ただし、催告によって時効の完成が猶予されている間に、再度の催告をしても、時効の完成が猶予される期間が延びるわけではありません（同条2項）。

承認がなされると、その時から時効の更新がされます（新民法152条1項）。承認とは、その権利の存在を認識している旨を表示することであり、黙示の承認を含みます。例としては、支払猶予を求めることや、一部弁済をすることが挙げられます。なお、一部弁済がすべての債務の承認にあたるかはさらに検討が必要であり、請求されている債務の全額の存在については争いつつ、その一部の存在についてのみ認める場合には、その範囲に限って承認がなされたものと考えられます[20]。

なお、その他の時効完成猶予事由として、未成年者に法定代理人がいない場合や天災等により時効の更新等の手続をとれない場合等（新民法158条～161条）が定められています。

(3) 協議を行う旨の合意 【新設】

（協議を行う旨の合意による時効の完成猶予）
第151条
1　権利についての協議を行う旨の合意が書面でされたときは、次に掲げる時のいずれか早い時までの間は、時効は、完成しない。
①　その合意があった時から1年を経過した時
②　その合意において当事者が協議を行う期間（1年に満たないものに限

20）東京高判昭和40年11月29日判時439号110頁参照。この事案では、賃料増額請求の相手方が、その一部の金額のみを供託したことについて、増額範囲全額について承認があったのではなく、その供託した範囲についてのみ承認が認められました。

る。）を定めたときは、その期間を経過した時
③　当事者の一方から相手方に対して協議の続行を拒絶する旨の通知が書面でされたときは、その通知の時から6箇月を経過した時
2　前項の規定により時効の完成が猶予されている間にされた再度の同項の合意は、同項の規定による時効の完成猶予の効力を有する。ただし、その効力は、時効の完成が猶予されなかったとすれば時効が完成すべき時から通じて5年を超えることができない。
3　催告によって時効の完成が猶予されている間にされた第1項の合意は、同項の規定による時効の完成猶予の効力を有しない。同項の規定により時効の完成が猶予されている間にされた催告についても、同様とする。
4　第1項の合意がその内容を記録した電磁的記録（電子的方式、磁気的方式その他人の知覚によっては認識することができない方式で作られる記録であって、電子計算機による情報処理の用に供されるものをいう。以下同じ。）によってされたときは、その合意は、書面によってされたものとみなして、前3項の規定を適用する。
5　前項の規定は、第1項第3号の通知について準用する。

新民法においては、当事者間で協議を行う旨の合意をすることにより、時効の完成が猶予されるという新たなルールが設けられました（新民法151条1項）。

たとえば、ある相手方との間における債権の存否および内容に争いがあるものの、当該相手方との円滑な関係を維持したい場合にこの制度を活用することが期待されます。旧民法の下においては、このような場合に消滅時効が完成しないようにするためには、訴訟を提起して時効を中断させるか、相手方に債務を承認してもらうことで時効を中断させるといった方法しかありませんでした。しかし、訴訟を提起してしまうと、相手方との任意の交渉が困難となる可能性があり、また、このような状況において相手方が債務を承認する可能性は低いといわざるをえません。

そこで、このような場合に、新民法の下では、当事者が問題とされている権利の存否や内容について協議を行う旨を合意することで、時効の完成を一定期間猶予させることができます。この場合の猶予期間には、以下のようなものが

あります。

> ① 合意時から1年間（1年を超える期間に合意した場合であっても、その期間は1年とみなされます）
> ② 当事者が定めた期間（合意時から1年間未満の期間となります）
> ③ 当事者の一方が協議を拒絶する旨を通知してから6か月（③のルールは、①および②に先立って期限が到来する場合に適用されます。たとえば、1年間の協議期間を設定した場合において、3か月経過時に一方当事者が拒絶の意思を示した場合、合意時から9か月間で猶予期間が終了することになります）

このような協議による時効完成の猶予は、本来の時効が完成すべき時（時効の完成が猶予されなかったとすれば時効が完成すべき時）から通算して5年を超えることができませんが、5年間以内であれば、何度でも合意により時効完成を猶予させることができます（新民法151条2項）。

協議を行う旨の合意は、書面または電磁的記録によってなされる必要がありますが（新民法151条1項および4項）、その様式は特に定められていません。双方の当事者が署名押印した書面が有効であるのは当然ですが、必ずしも1通の書面で行われる必要はありません。電子メールで協議が申し入れられ、その返信で承諾の意思が表示されれば、電磁的記録によって協議を行う旨の合意がされたことになります。

なお、催告と時効の完成猶予の効果を併用できないことには留意が必要です。すなわち、消滅時効の完成間際に催告を行い、その後、催告から6か月以内に、当事者間で協議を行う旨を合意したとしても、すでに消滅時効が完成するはずであった時点を過ぎていれば、時効の完成は猶予されません。逆に、協議による時効の完成猶予の最中に催告を行っても、催告による時効の完成猶予の効力は生じません（新民法151条3項）。

(4) 保険実務における留意点

損害保険において請求権代位により被保険者の損害賠償請求権等を取得した

場合や、誤払いの保険金等の返還請求を行う場合など、保険会社が債権回収を行う場面では、消滅時効が成立しないように適切に時効管理を行う必要があります。特に、請求権代位による求償を行う場面では、前述したとおり、保険会社が保険金を支払った時点ではなく、当初の損害賠償請求権等の発生時から消滅時効が起算されることになるため、保険会社が求償権を取得した時点ですでに消滅時効期間が残りわずかとなっている場合も十分考えられます。そのため、現在も各保険会社において、時効管理のためのマニュアルを用意していると思われますが、新民法のルールに基づいて、従来のマニュアルを改訂する必要があります。

具体的には、時効の中断事由および停止事由という概念を、時効の更新事由および完成猶予事由という概念に置き換えたうえで、それらに該当する具体的事項を図表Ⅳ－4のような分類に従って整理することが重要になります。また、新たに導入された協議による完成猶予を利用する場合のフローを整理しておくことも重要です。

なお、自動車保険の実務においては、いわゆる対人一括請求や人傷一括請求が活用されており、保険会社が保険金等を支払った後に自賠責保険に対して求償をすることが広く行われています。そのような場合に、求償権の消滅時効が成立しないようにするための方法として、従来は、「時効中断申請書」という書類を作成することで、時効の中断を行うルールが設けられていました。これは、「請求」（旧民法147条）による中断事由に該当するものと解釈されていま

▶図表Ⅳ－4　人の生命および身体の侵害による損害賠償請求権の時効期間

時効の完成猶予	時効の更新
・裁判上の請求等の事由の発生 ・強制執行等の事由の発生 ・仮差押等の事由の発生 ・催告 ・未成年者に法定代理人がいない場合等 （新民法158条～161条）	・裁判上の請求等により権利が確定 ・強制執行等の事由の終了 ・承認

したが[21]、新民法においては「裁判上の請求」に限定されることが明確にされるとともに、従来の中断事由に対応する更新事由ではなく、完成猶予事由として位置づけられました。そのため、従来の「時効中断申請書」による自賠責保険の実務が変更される可能性がある点に留意が必要です。

４．時効援用権者の範囲 【明確化】

> **（時効の援用）**
> **第145条**
> 　時効は、当事者（消滅時効にあっては、保証人、物上保証人、第三取得者その他権利の消滅について正当な利益を有する者を含む。）が援用しなければ、裁判所がこれによって裁判をすることができない。

旧民法と比較すると、新民法では条文上の括弧書部分が追記されました。これは、旧民法の下における議論を踏まえ、消滅時効を援用できる「当事者」の範囲を明確化することを目的としています。

ここでいう「正当な利益を有する者」に該当するか否かは、旧民法の下における判例法理[22]を前提に、時効の完成によって「直接利益を受ける者」（直接受益者）に該当するか否かにより判断されると考えられます[23]。

直接受益者に該当する例としては、保証人・連帯保証人・物上保証人・担保不動産の第三取得者・売買予約の仮登記が経由された不動産の抵当権者・仮登記担保付き不動産の所有権登記取得者・詐害行為の受益者等があります。他方、該当しない例としては、一般債権者・建物賃借人・後順位抵当権者・表見相続人からの譲受人等があります。たとえば、代理店委託契約において代理店の代

21）北河隆之＝中西茂＝小賀野晶一＝八島宏平『逐条解説 自動車損害賠償保障法〔第２版〕』（弘文堂、2017）167頁。

22）最判昭和42年10月27日民集21巻8号2110頁等。

23）一問一答43頁。

表者が連帯保証しているような場合、当該代表者は直接受益者に該当するため、代理店が負担する債務の消滅時効を援用することができると考えられます。

なお、保険会社による消滅時効の援用については、保険金請求権者等の保護の観点から、これまでかなり謙抑的な運用が行われてきたように思われます。しかし、時効制度には、当事者間の権利関係を確定させ、法的安定性を確保するという公益的な目的もあるため、保険金請求に対しては一切消滅時効を援用しないという姿勢で臨むべきではなく、権利行使が遅れた理由や立証資料の有無等の事情を踏まえて、消滅時効の援用の可否を適切に判断していくことが必要であると考えられます。

5．経過措置

時効期間については、施行日以後に債権が生じた場合（施行日以後に債権が生じた場合であっても、債権の原因である法律行為が施行日前にされたときを除きます）に、新民法が適用されます（附則10条4項）。また、時効の更新または完成猶予については、施行日以後にこれらの事由が生じた場合に、新民法が適用されます（同条2項）。

なお、権利に関する協議の合意が施行日前になされても、新民法による効果は生じないことに留意が必要です（附則10条3項）。

V

損害賠償に関する改正

1　履行期と履行遅滞の定め

1．はじめに

民法は、債務者が債務を履行しなければならない時期（＝履行期）を規定しています。履行期とは、この時期を過ぎた場合には、債務者が履行遅滞の責任を負うとされる時期のことをいいます。保険会社が履行期までに保険金等を支払わなかった場合には、履行期を過ぎた期間に応じた遅延損害金を支払う必要があります。つまり、履行期とは、遅延損害金がいつから生じるかを示すものといえます。

保険金の支払いに関する履行期は、保険法や約款の定めによって決まりますが、履行期を過ぎた場合の遅延損害金の利率等については民法の規定が適用されるため、民法における履行遅滞のルールを把握しておくことが重要です。

以下では、新民法における履行期と履行遅滞の定めに関する規定を確認するとともに、保険法や約款の定めとの関係についても説明します。

2．新民法の内容

（履行期と履行遅滞）
第412条
1　債務の履行について確定期限があるときは、債務者は、その期限の到来した時から遅滞の責任を負う。
2　債務の履行について不確定期限があるときは、債務者は、**その期限の到来した後に履行の請求を受けた時**又はその期限の到来したことを知った時のいずれか早い時から遅滞の責任を負う。
3　債務の履行について期限を定めなかったときは、債務者は、履行の請求を受けた時から遅滞の責任を負う。

(1) 履行期の定め方

旧民法においては、債務の履行期の定め方として、①確定期限を定める、②不確定期限を定める、③期限を定めない、という3つの場合に分けて規定を設けていました。新民法においても、これらの内容を基本的に維持しつつ、②の場合について、旧民法の下での解釈を明文化しています。このように、旧民法の規定を大きく変更するものではないため、新民法の下でも、債務者が、本条で定める履行期を過ぎても債務の履行をしなかった場合には、遅延損害金を支払う義務を負うことになります。

この場合の遅延損害金の利率については、後記3で述べるとおり、新民法419条1項に基づき、遅滞の責任を負った最初の時点における法定利率か、これを超える利率が約定されている場合には、その約定された利率が適用されます。

(2) 確定期限がある場合 【変更なし】

「確定期限」とは、具体的な年月日や時刻をもって定められる期限のことをいいます。この場合、債務者は、その期限が到来した時から遅延損害金の支払義務を負うことになります。

具体的には、特定の日をもって期限が定められた場合には、その履行期が経過した日、すなわち当該期限の翌日から、遅延損害金が発生することになると解されています。また、「請求から○日以内に履行する」といった期限が定められている場合も、請求があれば、その時点から一定期間を経過することによって遅滞の責任が生じることから、このような定め方も「確定期限」の1つであると考えられています[1]。

(3) 不確定期限がある場合 【明確化】

「不確定期限」とは、「Aが死亡したとき」のように、具体的な日時が不確定である事実をもって定められる期限のことをいいます。この場合、旧民法にお

1) 新版注釈民法(10) I・447頁。

いては、債務者は「期限の到来したことを知った時」から遅滞の責任を負うと規定されるのみでしたが、債務者が期限の到来を知らない場合でも、期限が到来した後に債権者から履行の請求を受けたときは遅滞の責任を負うと解されていたため、新民法では、この点を明文化しています。

(4)　期限の定めがない場合　【変更なし】

「期限を定めなかったとき」とは、当事者間で履行期を全く定めなかった場合のほか、「随時」や「請求があったとき」のように、確定期限または不確定期限のいずれの期限にも該当しないような場合をいいます。この場合、債務者は、履行の請求を受けた時から遅滞の責任を負うことになり、当該請求の翌日 2）から遅延損害金が発生することになります。

(5)　経過措置

施行日前に債務が生じた場合における遅滞の責任については、新民法412条2項の規定は適用されないこととされています（附則17条1項）。

3．保険契約における履行期の定め

(1)　保険金支払債務

(i)　生命保険

生命保険における保険金支払債務は、保険法52条または約款の定めに従って履行期が定められています。一般的な生命保険の約款では、以下のような定めが設けられています。

> **第○条（保険金の支払時期および支払場所）**
> 1　保険金は、必要書類が会社に到達した日の翌日からその日を含めて5営業日以内に会社の本店または支店で支払います。

2）民法140条により、請求された日は初日として期間の算入には含まれません。

2　保険金を支払うために確認が必要な次の各号に掲げる場合において、保険契約の締結時から保険金の請求時までに会社に提出された書類だけでは確認ができないときは、それぞれ当該各号に定める事項の確認（会社の指定した医師による診断を含みます。）を行います。この場合には、前項の規定にかかわらず、保険金を支払うべき期限は、前項の必要書類が会社に到達した日の翌日からその日を含めて30日を経過する日とします。

①　保険金の支払事由発生の有無の確認が必要な場合
　　保険金の支払事由に該当する事実の有無

②　（以下略）

3　前項に定める必要な事項の確認に際し、保険契約者、被保険者または保険金の受取人が正当な理由なくその確認を妨げ、またはこれに応じなかったとき（会社の指定した医師による必要な診断に応じなかったときを含みます。）は、会社は、これによりその事項の確認が遅延した期間の遅滞の責任を負わず、その間は保険金を支払いません。

上記の規定では、保険金支払債務の履行期について、必要書類が到達した日の翌日から「5営業日」や「30日」という具体的な日数を用いて支払期限が定められています。これにより、必要書類の到達という具体的な事実があれば、所定の日数によって計算することにより、具体的な日時をもって支払期限を確定することができます。したがって、保険金支払債務については、民法上規定されている履行期の定め方のうち、「確定期限があるとき」に該当すると考えられます。この場合、保険会社は、保険金を支払わないまま約款で定められた日数を経過した日の翌日から、保険金支払債務について遅延損害金の支払義務を負うことになります。

特に、死亡保険における保険事故は被保険者の死亡であり、事実の確認にそれほど時間を要しないケースが多いことから、約款上、支払期限が必要書類の到達から5営業日程度と、損害保険に比べて短く設定されるのが一般的です。もっとも、保険会社において事実の確認に時間を要すると判断した場合や、免責事由に該当する可能性が認められる場合等については、約款上、書類到達から30日や45日等、より長い支払期限が設定されるのが一般的です。これに加えて、約款上、保険会社において調査の必要があるにもかかわらず、保険契約者、被保険者または保険金受取人が、保険会社による調査を妨害したことにより、保険会社による調査が遅れ、保険金の支払いが遅れた場合には、保険会社は履行遅滞の責任を負わないとする規定が定められるのが一般的です。調査妨害の具体例としては、保険会社の求めた必要書類の送付や保険会社からの連絡に対する応答を合理的な理由なく遅らせること、保険会社が指定する医師による必要な診断に応じないこと等が挙げられます。

したがって、調査妨害等の契約者側の責めに帰すべき事由がないにもかかわらず、保険会社が、単に事実関係等の調査や支払手続に時間を要したことのみを理由に、約款上定めた支払期限を過ぎても保険金を支払わない場合、保険会社は、支払期限の翌日から遅延損害金を支払う義務を負うことになります。もっとも、保険制度上、保険会社は保険金を適正に支払う必要があることからすれば、遅延損害金の発生を避けるために、十分な調査を行わないまま安易に保険金を支払うような対応は避けるべきであると考えられます。

(ii)　損害保険

(a)　賠償責任保険

賠償責任保険においては、一般的に以下のような約款の定めが置かれています。

第○条（保険金請求の手続）

1　当会社に対する保険金請求権は、次の時から発生し、これを行使することができるものとします。

①　損害賠償金に係る保険金については、被保険者が損害賠償請求権者に対して負担する法律上の損害賠償責任の額について、被保険者と損害賠償請求権者との間で、判決が確定した時、または裁判上の和解、調停もしくは書面による合意が成立した時

②　（以下略）

第○条（保険金の支払）
1　当会社は、請求完了日からその日を含めて30日以内に、当会社が保険金を支払うために必要な次の①から⑤までの事項の確認を終え、保険金を支払います。
①～⑤　（略）
2　（以下略）

上記のとおり、賠償責任保険において、保険金請求権は、判決の確定等により被保険者の損害賠償責任が確定したときに発生するとされ、保険金支払債務の履行期は、被保険者が所定の必要書類を提出した日（請求完了日）から所定の日数が経過した日と定めるのが一般的です。通常、損害保険の場合には、生命保険と比べて保険事故の確認や損害額の算定等に時間を要することが多いため、所定の日数としては30日（特別な照会が必要な場合は60日、90日等）が定められるのが一般的です。

これとは別に、被保険者が負う損害賠償責任について発生する遅延損害金は、これが不法行為に基づく責任の場合には、判例上、原則として損害賠償の原因となった事故の日から遅延損害金が生じるものとされています[3)]。これに対し、安全配慮義務違反を理由とする債務不履行に基づく責任の場合には、損害賠償支払債務は期限の定めのない債務（新民法412条3項）と考えられており、債権者が履行の請求をした時から遅滞の責任を負うため、債権者が履行請求をした日の翌日から遅延損害金が発生することになります。このように、被保険者が負う損害賠償責任について発生する遅延損害金は、保険金に係る遅延損害金とは異なる点に留意が必要です。

(b)　その他の損害保険

その他の損害保険においては、保険金請求権は保険事故時に発生するのが一般的であり、保険会社の保険金支払債務については、約款の規定に基づき、被保険者による請求手続の完了から所定の日数が経過した日から遅延損害金が発

3）最判昭和37年9月4日民集16巻9号1834頁。

生することになります。

(iii)　その他の金銭債務

保険会社は、保険金支払債務以外にも、解約返戻金の支払債務や保険料の返還債務のように、通常の金銭債務と同様の債務を負う場合もあります。この場合には、それぞれの金銭債務に関する契約や約款において、履行期がどのように定められているかによって、保険会社が遅滞の責任を負うこととなる時期を判断することになります。

(2)　保険実務における留意点

本条の改正は、従来の解釈が明文化されたのみであり、実務上の影響はないと考えられます。もっとも、預貯金口座に対する払込みに関する規定（前記Ⅳ①参照）と関連して、履行期の解釈に影響が生じうる可能性があります。

新民法477条において、預貯金口座への払込みによってなされる弁済は、債権者が金融機関に対して払戻しを請求する権利を取得した時に効力が生じるものと規定されており、これは原則として債権者の預貯金口座への着金時を指すものと考えられます。そのため、約款に特段の規定がない場合には、実務上、保険会社は、着金までの日数を予測し、遅延損害金を加えて預貯金口座への払込みを行うことになると考えられます。

ただし、海外送金等のように、送金手続にかなりの時間を要し、かつ、着金日を予測することが難しい場合もあり、このような場合にまで着金日を遅延損害金の算定基準とすることは現実的でないうえに、一部の被保険者のみに多額の遅延損害金を支払うことは他の保険金請求権者との公平性を損なう可能性もあります。そこで、約款の合理的解釈として、海外送金等、特に送金に日数を要する場合には、別途送金方法に関する合意がされたものと解し、送金日や、日本国内の金融機関における通常の預貯金口座への着金日を基準として、遅延損害金を支払うという取扱いが妥当であると思われます。

2 法定利率

1．はじめに

法定利率は、当事者間における契約等の際に、利息を算定するための利率を定めなかった場合に適用される利率のことをいいます。債務の履行が遅滞した際に生じる遅延損害金の算定についても、契約において利率を定めなかった場合には、法定利率が適用されることになります（後記③参照）。

旧民法においては、法定利率は５％（商事法定利率は６％）という固定の利率が定められていましたが、新民法では、市場の金利を考慮した変動制が採用されることになりました。

以下では、新たに採用された法定利率の変動制の内容について説明します。

2．新民法の内容

（法定利率）
第404条
1　利息を生ずべき債権について別段の意思表示がないときは、その利率は、その利息が生じた最初の時点における法定利率による。
2　法定利率は、年３パーセントとする。
3　前項の規定にかかわらず、法定利率は、法務省令で定めるところにより、３年を１期とし、１期ごとに、次項の規定により変動するものとする。
4　各期における法定利率は、この項の規定により法定利率に変動があった期のうち直近のもの（以下この項において「直近変動期」という。）における基準割合と当期における基準割合との差に相当する割合（その割合に１パーセント未満の端数があるときは、これを切り捨てる。）を直近変動期における法定利率に加算し、又は減算した割合とする。
5　前項に規定する「基準割合」とは、法務省令で定めるところにより、各期の初日の属する年の６年前の年の１月から前々年の12月までの各月における短期貸付けの平均利率（当該各月において銀行が新たに行った貸付け（貸付期間が1年未満のものに限る。）に係る利率の平均をいう。）の合計を60で除して計算した割合（その割合に0.1パーセント未満の端数があるときは、これを切り捨てる。）として法務大臣が告示するものをいう。

(1)　改正点の概要

本条に関する改正点は、次のとおりです。

①　新民法施行時における法定利率が、現行の5％から3％に引き下げられます。
②　施行後の法定利率は、3年ごとに変動する可能性があります。
③　②に関連して、利息の生じる債権の利息を算定するに際しては、利息が生じた最初の時点における法定利率が用いられます。
④　商事法定利率の規定（旧商法514条）が削除され、保険金支払債務に係る法定利率も新民法の規定によることになります。

(2)　変動制の採用　【変更】

旧民法における法定利率は市場の金利を大きく上回っている状況にあり、債務者が支払うべき遅延損害金の額が不相当に高額になり、債務者にとって不公平な状況にありました。一方で、旧民法における法定利率の下では、将来の逸失利益に係る損害賠償金を算定する際の中間利息控除（後記4参照）の場面で、賠償額が低く計算されてしまうことになり、債権者にとっても不公平な状況にありました。そこで、法定利率を市場の金利に近づけることが検討されましたが、市場の金利の短期的・微細的な変動に逐一対応させることは、実務上相当な負担を要することも懸念されたため、最終的に、新民法においては、「緩やかな変動制」を採用することとされました[4]。

新民法では、施行時における法定利率を年3％と定めたうえで、その後の利

4）一問一答84頁。

率については、5年間の短期貸付けの平均利率をもとに算定される「基準割合」を3年ごとに計算し、「基準割合」が1％以上変動した場合に限って、法定利率を1％単位で変動させると定めました。

この規定は、短期貸付けの平均利率に基づく指標を用いることによって市場の金利と法定利率の間のかい離を縮小する一方で、その指標を5年間という中期的な推移をもとに算定したうえ、法定利率が変動する機会を3年に1度としたことによって、法定利率が必要以上に頻繁かつ微細に変動することを避けるように配慮した定めとなっています。

なお、詳細は後記4のとおりですが、中間利息控除を行う際に適用する利率も、損害賠償請求権が生じたときの法定利率によるものと定められ、中間利息控除の計算にも変動制の法定利率を用いることとされています。

(3) 利率の定め方 【新設】

法定利率は、別途法務省令で定めるところにより、3年を1期として、1期ごとに次のとおりの基準により変動します。

直近で利率が変動した期の「基準割合」と、当期の「基準割合」との差に相当する割合を、直近で利率が変動した期における法定利率に加減することにより、法定利率を算定します。ただし、加減は1％単位（1％に満たない端数は切捨て）で行われ、差が1％に満たない場合には加減を行わず、法定利率に変動はないものとされます。

そして、「基準割合」とは、各期の初日の属する年の6年前の年の1月から前々年の12月までの60か月（5年間）の短期貸付けの平均利率の合計を60で除して計算し、0.1％未満の端数を切り捨てた値として、法務大臣により告示されるものを意味します。つまり、各期の6年前から1年前までの5年間における短期貸付けの平均利率の平均値がこれにあたります。

以上の計算をもとにすると、法定利率の変動は、図表Ⅴ－1（次頁）のグラフのとおりとなります。

▶図表V－1　法定利率の変動のシミュレーション

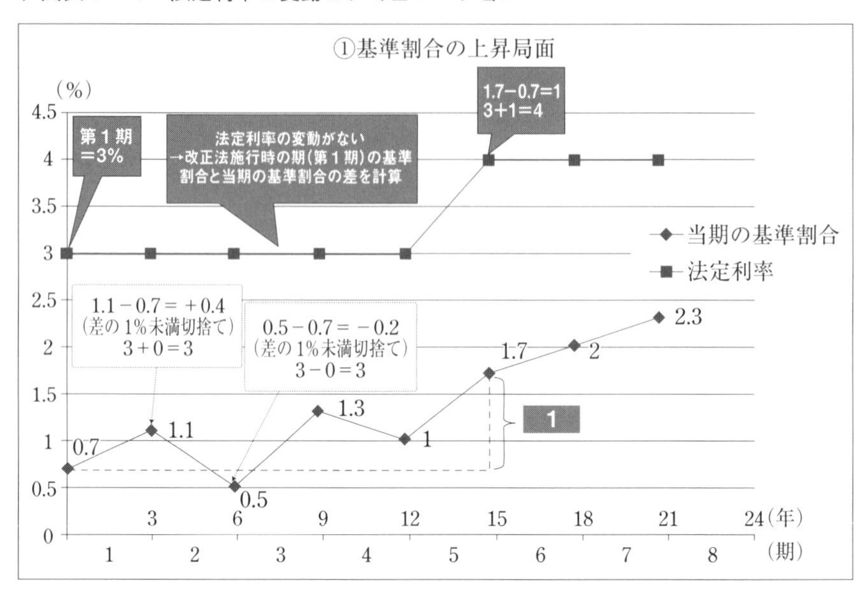

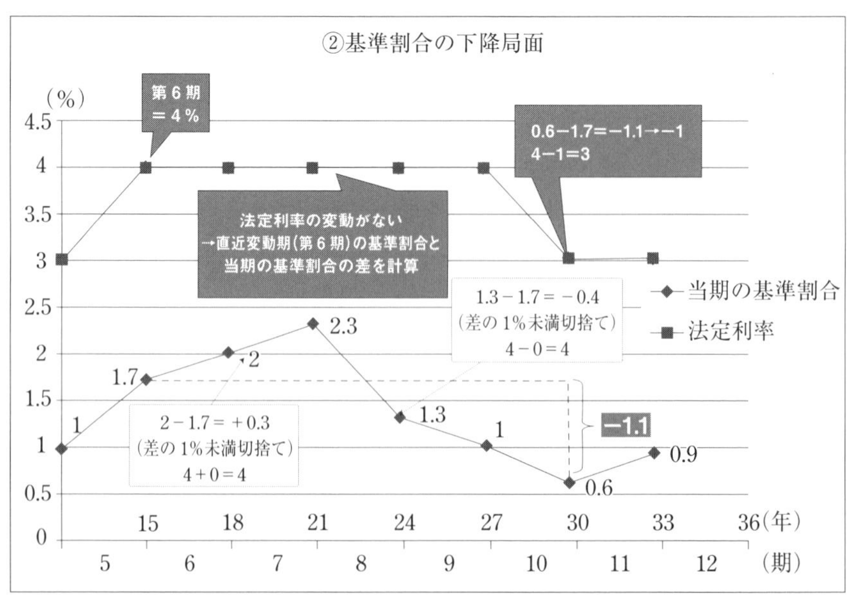

出典：一問一答83頁（グラフ「法定利率の変動のシミュレーション」）。

図表Ⅴ－１の①および②は、法務省により公表された想定事例をもとに作成された基準割合および法定利率の推移をグラフ化したものです。

①のグラフについてみると、第２期の基準割合は、第１期の基準割合から0.4％増加していますが、基準割合の増減が１％未満の場合には法定利率は変動しません。また、第３期の基準割合である0.5％について、増減を比較する期は「法定利率に変動があった期のうち直近のもの（直近変動期）」における基準割合と「当期における」基準割合と定められていることから、第１期の基準割合である0.7％と増減を比較することになり、この時点においても増減は１％未満のため、法定利率は変動しません。一方で、第６期の基準割合は1.7％ですが、この値は直近変動期である第１期の基準割合から１％増加しているため、第６期における法定利率は１％増加することになります。

②のグラフについてみると、法定利率の変動が生じた第６期における基準割合から１％以上増減する期は第11期であり、１％に満たない端数は無視されるため、第11期において法定利率が１％減少することになります。

(4) 経過措置

施行日前に利息が生じた場合における利息を生ずべき債権に係る法定利率については、新民法404条の規定は適用されないこととされています（附則15条１項）。

３．保険実務における留意点

保険会社が保険金の支払期限を超過した場合、保険会社には遅延損害金の支払義務が生じます。遅延損害金の算定に際しては、新民法419条１項に基づいて、原則として遅滞の責任を負った最初の日の時点における法定利率が適用されることになります。したがって、保険会社に遅滞の責任が生じた後に、法定利率が変更された場合でも、当初の遅滞となった時点での法定利率が引き続き適用されることになります。

▶図表Ⅴ－２　遅延損害金に適用される利率

		各時点における法定利率	遅延損害金の算定に適用される法定利率
2020年3月15日	請求完了日	商事6%・民事5%	－
2020年4月 1日	法定利率の変更	3%	－
2020年4月14日	保険金の支払期限	3%	－
2020年4月15日	遅延損害金の発生	3%	3%

たとえば、保険金の請求完了日が2020年3月15日であり、約款上の支払期限が同年4月14日の場合、保険会社が遅滞の責任を負うのは同年4月15日であるため、その時点での法定利率である３％が遅延損害金の利率として適用されることになります（図表Ⅴ－２参照）。その後、仮に保険会社が当該保険金の支払いを遅滞したまま、再度法定利率が変更された場合であっても、当該保険金についての遅延損害金の算定に関しては、３％の法定利率がそのまま適用されることになります。

このように、保険会社においては、保険金の支払期限を正確に把握したうえで、適切な法定利率を用いて遅延損害金を算定する必要があります。そのため、保険会社としては、保険金の算定システムを用いて、請求完了日、支払期限、適用される利率等を正確に管理できる体制を整える必要があります。

なお、各期に適用される法定利率については、事前に法務大臣による告示が行われるため、新民法の条文に基づいて、各保険会社において個別に法定利率を算出する必要はありません。また、今回の民法改正により、商取引に関する法定利率を年６％とする旧商法514条の規定は削除されるため、保険金支払債務について適用される法定利率は新民法の規定によることとなります。

3 金銭債務の損害賠償額の算定に関する特則

1．はじめに

通常、債務不履行に基づく損害賠償請求を行う場合には、債権者において具体的な損害額を算出し、これを証拠によって立証する必要があり、また、債務者に帰責性がない場合には損害賠償請求が認められないことになります。

しかし、金銭債務に関しては、①金銭の用途はさまざまであり、どのような損害が生じたかを債権者が具体的に認識することが困難であること、②通常、金銭の不払いによって生じるのは利息相当の損害であること、③債務者としても、利息を払えば金銭は調達可能であり、不可抗力によって調達できないという抗弁を認めることは適切ではないと考えられることから、旧民法においては、金銭債務に関する特則が定められていました[5)]。

新民法においても、旧民法と同様に金銭債務に関する特則を設けており、損害賠償の額は原則として法定利率によって算定すること、損害が発生したことの証明を不要とすること、債務不履行の原因が不可抗力によるものであったとしても免責されないこと等が定められています。

そして、保険会社が保険金支払債務の履行期を過ぎて遅延損害金を支払う場合には、この特則が適用されることになるため、以下では、新民法における特則の内容について説明します。

2．新民法の内容

（金銭債務の特則）
第 419 条
1　金銭の給付を目的とする債務の不履行については、その損害賠償の額は、

5）新版注釈民法⑽Ⅱ・553 頁。

> 債務者が遅滞の責任を負った最初の時点における法定利率によって定める。ただし、約定利率が法定利率を超えるときは、約定利率による。
> 2　前項の損害賠償については、債権者は、損害の証明をすることを要しない。
> 3　第１項の損害賠償については、債務者は、不可抗力をもって抗弁とすることができない。

(1)　遅延損害金の算定に適用される法定利率　【変更】

金銭債務の不履行によって生じる損害賠償の額は、原則として、債務者が遅滞の責任を負った最初の時点における法定利率によって算定するとしたうえで、例外的に、当事者間で契約により定めた利率（約定利率）が法定利率よりも高い場合には、約定利率によって算定することとされています。これは、新民法404条の改正により、法定利率が変動制とされたことに伴い、遅延損害金の算定に適用される法定利率の基準時を明確にするために、「遅滞の責任を負った最初の時点」を基準日とすることが定められたものです。

ここで「遅滞の責任を負った最初の時点」における法定利率が適用された理由としては、客観的かつ明確な時点を定めることにより、当事者間で有利な時点の利率を恣意的に適用させないようにすることや、履行遅滞中に適用される法定利率が変動し、その利率を逐一適用するとすれば、事務的な負担が大きいと考えられることが挙げられます[6]。

前記1で説明したとおり、たとえば、不法行為に基づく損害賠償責任の場合は不法行為時から、安全配慮義務を理由とする債務不履行に基づく損害賠償責任の場合は履行の請求の時から、保険金支払債務の場合は保険金の支払期限が経過した時から、それぞれ遅滞の責任を負うことになります。

これを整理すると、図表V－3（次頁）のとおりです。

6）部会資料81B・6頁。

▶図表Ｖ－３　遅延損害金に適用される利率——債務の種類ごとの違い

債務の内容	遅滞の責任を負う時期	適用される法定利率の時点
不法行為に基づく損害賠償金	不法行為時	不法行為時
安全配慮義務違反に基づく損害賠償金	履行の請求時	履行の請求時（請求の翌日）
保険金	約款所定の支払期限を過ぎた時	約款所定の支払期限の翌日

(2) 損害額の証明 【変更なし】

通常、債務不履行に基づく損害賠償を請求する場合は、請求を行う債権者の側において、損害の発生および額について証明が必要と解されています。しかし、金銭債務の不履行の場合には、利息の部分の損害は必ず発生するうえに、後述するとおり利息を超える損害は生じないとみなすことが当事者間の公平に資するものと考えられることから、利息分の損害については、債権者による証明を要することなく、当然に請求できることとしています[7]。

(3) 不可抗力の抗弁 【変更なし】

金銭債務の債務者は、債務を履行しないまま履行期が経過した場合は常に遅滞の責任を負い、損害賠償金を支払わなければならないことを前提とし、天災等の不可抗力を理由とする免責も認められないこととしています。

金銭債務の不履行によって生じる損害賠償は、債務の履行期が経過することによって、いわば自動的に発生するものである一方、債務の履行をしない債務者にとっても、履行期の経過後も運用益等によって遅延損害金相当額の利益を得られる可能性があります。そのため、不可抗力が生じた場合であっても債務者は遅滞の責任を免れることができないとすることが当事者にとって公平であるという利益衡量から、このような規定が設けられたと考えられます[8]。

7）我妻ほか・コンメンタール民法780頁～781頁。

8）新版注釈民法⑽Ⅱ・560頁。

ここでいう「不可抗力」の意味合いについては、いかなる不可抗力も該当するという考え方もあれば、金銭債務以外の一般的な債務の不履行については、債務者に過失がなかった場合には不履行に基づく損害賠償責任を負わないとされることとのバランスから、「不可抗力」についても限定的な場合にのみ該当すると解釈すべきであるという考え方も存在します。この点について明確に論じた裁判例はありませんが、いかなる不可抗力であっても債務者には一切の免責を認めないという立場が多数説と考えられています[9)]。

この不可抗力の抗弁については、金銭債務について他の債務一般とあえて区別する理由に乏しく、内容も合理性を欠くとして、中間試案の段階では削除することも検討されていました。もっとも、これに対しては、不可抗力の中でも、大規模災害による送金手段の途絶といったような例外的な事例については、信義則または権利濫用等の一般条項による対応や、支払猶予を行う等の実務的な対応をとりうるほか、個別の立法による臨時的な対応によって解決されるべきものであり、一般原則としては金銭債務について免責の余地を認めるべきではない等の指摘がなされました。

これらを踏まえたうえで、最終的に、新民法においては、旧民法のルールがそのまま残されることになりました[10)]。

このような立法時の経緯からすれば、ここでの「不可抗力」の解釈との関係において、たとえば、大規模災害により壊滅的被害が生じたために保険会社において保険金の支払対応が遅れたような場合には、信義則や権利濫用といった一般条項に基づき、保険会社は遅延損害金の支払義務を負わないと解釈される余地があると考えられます。

(4)　利息超過損害の問題

一般に、金銭債務の損害賠償については、債権者が利息の額を超える損害（逸失利益、提訴費用、弁護士費用等）の発生を証明したとしても、その賠償を請求

9）新版注釈民法⑽Ⅱ・561頁。

10）潮見佳男『新債権総論Ⅰ』（信山社出版、2017）512頁。

することはできないと解釈されており、旧民法の下における判例[11]も同様の立場を採用しています。ドイツやフランスの民法においては、法定利率によって算出される額以上の損害が生じたことを証明すれば、債権者はその損害額を賠償請求できる旨が規定されていますが、日本の民法においてはそのような規定は置かれておらず、そのような解釈は実務上採用されていないのが現状です[12]。

この点については、中間試案の段階で、金銭債権に関しても利息を超える損害賠償請求を認めるべきであるという意見もありました[13]。しかし、旧民法においては、法定利率によって損害賠償義務を一律に課す一方で、利息を超える損害については認めないものと扱うことにより、債権者および債務者間の公正性を保っていることや、仮にこのような損害賠償請求を認めると、債権者が債務者に対して過酷な請求を行うおそれがあるといった指摘があったことから、新民法においても従来の解釈が維持されることになりました[14]。

(5) 経過措置

施行日前に債務者が遅滞の責任を負った場合における遅延損害金に係る法定利率については、新民法419条1項の規定は適用されないこととされています(附則17条3項)。

3．保険実務における留意点

保険法で保険給付の履行期に関する規定が設けられたことに伴い、保険会社は、約款において保険金の支払時期を具体的に定めるとともに、保険金の支払いが約款上の支払期限を過ぎた場合には、遅延損害金とあわせて保険金を支払

11）最判昭和48年10月11日判時723号44頁。
12）我妻ほか・コンメンタール民法781頁。
13）部会資料68A・43頁。
14）潮見・前掲注10）517頁、民法（債権法）改正検討委員会試案【3.1.1.72】<1>。

うという対応が行われてきました。新民法の下でも、遅延損害金の支払いに関する基本的な保険会社の対応に変更はありませんが、遅延損害金に適用される法定利率が変動制になったことや、その基準日が「遅滞の責任を負った最初の時点」と定められたことから、遅延損害金を支払うべき期間の問題だけでなく、その起算日がいつかによって適用される法定利率に差が生じるため、遅延損害金に関する現場での問合せやクレームが増えることが予想されます。

また、保険給付の履行期に関しては、被保険者や保険金受取人等による調査妨害や調査への非協力等により、保険金の支払いが遅れた期間については、保険会社は遅滞の責任を負わないとされているところ、どの時点で調査妨害等が行われたかによって、「遅滞の責任を負った最初の時点」が異なる点には注意が必要です。すなわち、約款上の履行期が過ぎた後に調査妨害等があっても、いったん確定した法定利率に変更は生じませんが、約款上の履行期が到来する前に調査妨害等があった場合には、その期間を控除したうえで遅滞の責任が発生した最初の時点を確定する必要があります。

従来は、法定利率が一律であったため、遅滞となる日数のみを管理すれば足り、必ずしもいつの時点で調査妨害等があったかを把握する必要はありませんでした。しかし、今後は「遅滞の責任が発生した最初の時点」を正確に把握する必要があるため、特に法定利率が変更される前後の時期においては、慎重な対応が必要であると考えられます。

4 中間利息の控除

1．はじめに

事故によって損害を被った被害者は、事故がなければ将来得られるはずであった利益（逸失利益）や、将来にわたって必要となる介護費用について、加害者に対して損害賠償請求することが考えられますが、これらの損害賠償金は一時金として支払われるのが一般的です。この場合、支払いを受けた被害者は、実際にその利益が現実化するまでの間に、一時金として受け取った損害賠償金を運用することによって、実際の損害額以上の利益を取得することができる可能性があります。そこで、このことによって生じる加害者および被害者間の不公平を是正するために、将来において得られるべき運用益相当額を所定の方法によって算定し、その額をあらかじめ損害賠償金から控除するのが中間利息の控除の考え方です。

旧民法においては、中間利息の控除について定めた明文の規定はなく、判例に基づき法定利率に従って中間利息の控除が行われていましたが、新民法では、法定利率の変動制が採用されたことに伴い、新たに明文の規定が設けられることになりました。以下では、中間利息の控除に関する新民法の規定の内容とともに、この問題に関する議論の経過についても説明します。

2．新民法の内容

（中間利息の控除）

第417条の2

1　将来において取得すべき利益についての損害賠償の額を定める場合において、その利益を取得すべき時までの利息相当額を控除するときは、その損害賠償の請求権が生じた時点における法定利率により、これをする。

2　将来において負担すべき費用についての損害賠償の額を定める場合にお

いて、その費用を負担すべき時までの利息相当額を控除するときも、前項と同様とする。

(1)　法定利率による中間利息の控除　【新設】

旧民法の下での判例[15]においては、損害賠償額の算定にあたって、将来において取得すべき利益を現在価値に換算するに際し中間利息を控除する場合には、法定利率の割合によって中間利息を控除しなければならないとされていました。そこで、新民法においては、上記の判例法理を明文化し、中間利息の控除は法定利率に従って行うことが定められました。

これに加えて、新民法では、中間利息控除に適用される法定利率は、損害賠償請求権が生じた時点における法定利率とすることが明示されました。いつの時点の法定利率を用いるかについては、立法過程においても議論されましたが、上記のとおり損害賠償請求権が生じた時点と定められた理由は、主に２つあります。

１点目は、いつの時点の法定利率を適用するのかは損害賠償額に直結する問題であるため、公平かつ合理的な基準を設けることが望まれることから、当事者の一方の任意の選択に委ねるのではなく、客観的で明快なものとするのが適切であると考えられたことにあります。２点目は、不法行為に基づく損害賠償請求権の遅延損害金の算定は、不法行為時の法定利率による（新民法419条１項参照）とされたこととの整合性にも配慮が必要と考えられたことにあります[16]。

このように、損害賠償請求権が生じた時点の法定利率によって中間利息が控除されるため、たとえば、不法行為に基づく損害賠償責任の場合には、不法行為時点の法定利率によって将来の逸失利益および費用の算定における中間利息の控除が行われます。また、安全配慮義務違反等を理由とする債務不履行に基

15）最判平成17年６月14日民集59巻５号983頁。
16）一問一答89頁。

づく損害賠償責任の場合には、義務違反等の債務不履行があった時点の法定利率によって中間利息が控除されることになります。

なお、不法行為によって生じた後遺障害による逸失利益の額は、実務上、症状固定日を基準として、労働能力喪失期間等を確定したうえで算出されています。しかし、逸失利益を含む不法行為に基づく損害賠償の請求権は、全体として不法行為時に発生し、その時から履行遅滞責任が生じるものと解されています。そのため、後遺障害による逸失利益の額を算定する際に用いる労働能力喪失期間等の確定は、症状固定時を基準とする一方で、損害賠償額および中間利息控除の算定に適用される法定利率は、不法行為時における法定利率となり、基準とする時点にズレが生じる点に注意が必要です[17]。

(2)　改正までの経緯および議論の状況

判例により認められていた中間利息控除を明文化するにあたっては、法定利率を変動制としたことに伴い、中間利息の控除に適用される利率をどのように定めるかについて、さまざまな議論がなされました。

当初、中間試案の段階では、中間利息控除に係る利率は、本来法定利率の適用が予定される利息債権に係る利率とは性質が異なるものであり、あえて法定利率と同じ利率とする必要性は低く、当面は現行実務である５％の利率を維持すべきであるという意見がありました。そのため、中間利息控除の利率は「年５パーセント」とするとの提案がなされていました。

しかし、従来の判例が、中間利息控除に際して民法所定の法定利率が用いられるべきであると判断した理由は、①法定利率はわが国の一般的な貸付金利を踏まえて定められていること、②控除額の算定においては法的安定性や統一的な処理が求められていること等にありました。これらの点は、法定利率を変動制に変更したとしてもなお合理性は残ると考えられたことから、最終的には、法定利率が変動制に変更されたことにあわせて、中間利息控除の算定において

17）一問一答 89 頁。

も、損害賠償請求権が発生した時の法定利率を適用することとされました[18)]。

この改正については、特に損保業界からの反対意見が強くありました。反対の主な理由としては、新民法の施行時に法定利率が５％から３％に引き下がることにより、中間利息控除額が減少して損害賠償額が大幅に増加するという点や、被害者が損害を受けた時期によって法定利率が異なるため、同一の損害が生じたとしても損害を受けた時期によって損害賠償額に大きな差異が生じ、被害者間での不公平が生じるといった点が挙げられます。

日本損害保険協会の試算[19)]によると、モデル事例（27歳男性（全年齢平均賃金：月額41万5400円／就労可能年数40年）で、一家の支柱・被扶養者２人（生活費控除割合35%））において、被害の内容が同じで、損害額も同額である場合に、７％の利率で中間利息控除を算定した場合の逸失利益額は、旧民法における５％の場合の逸失利益額よりも1239万円少なくなり、３％の利率で算定した逸失利益額は、５％の場合の逸失利益額よりも1930万円多くなるなど、適用される法定利率によって逸失利益額に大きな違いが生じてしまい、被害者間において不公平が生じうることが明らかにされました（図表Ⅴ－４参照）。

また、日本損害保険協会の別の試算[20)]によれば、後遺障害の内容に軽重の差がある場合についての不公平も指摘されています。すなわち、後遺障害１級（たとえば、両腕の機能を全廃した場合が該当します）に該当する被害を受け、そ

▶図表Ⅴ－４　損害賠償額算定における中間利息控除（モデル事例）

［27歳男性：全年齢平均賃金月額41万5400円（就労可能年数40年）被扶養者：２人］

中間利息控除の算定利率	旧民法（5%で算定）による逸失利益額との比較
7%	－ 1,239万円
3%	＋ 1,930万円

参考：日本損害保険協会

18）部会資料81B・6頁。

19）法制審議会民法（債権関係）部会第90回会議（平成26年6月10日）開催の部会資料「損害賠償額算定における中間利息控除について」5頁。

20）部会資料・前掲注19）6頁。

の時点の法定利率が７％であった場合と、後遺障害６級（たとえば、片腕の肘関節と同じ腕の手首の機能を廃した場合が該当します）に該当する被害を受け、その時点の法定利率が３％であった場合を比較すると、前者のほうが後者よりも障害の程度は重いにもかかわらず、後者のほうが逸失利益額は多くなるという逆転現象が生じ、被害者間において不公平が生じうることが明らかにされました。

このように、損保業界からは、損害を受けた被害者間の公平性や損害の予測可能性が低下するといった観点に加えて、従来の損害賠償実務に多大な影響が起こりうるという点などから、中間利息控除についても変動制の法定利率を用いることには、強い反対意見がありました。

この点を踏まえたうえでも、新民法ではこの規定を導入することとされましたが、導入に際しては、法定利率の変動を緩やかにして、微細な市場の動きによって法定利率が容易に変動しないような措置を講じることとされ（詳細は前記2参照）、これにより上記の懸念点はある程度緩和されるものと判断されたと考えられます。

(3) 経過措置

施行日前に生じた損害賠償請求権については、新民法417条の２の規定は適用されないこととされています（附則17条２項）。

３．保険実務における留意点

(1) 賠償責任保険

賠償責任保険においては、約款上、被保険者が法律上の損害賠償責任を負担することによって被る損害に対して保険金を支払うこととされています。ここでは、賠償額の算定方法について特別の定めを設けていないため、新民法の施行に伴って約款の規定を変更する必要はないものと考えられます。

もっとも、保険金の支払いのために損害賠償額を算定するにあたっては、損害賠償額の計算方法に変更が生じるため、各保険会社における従来の事務やシステムを変更し、中間利息控除に用いる法定利率の数値を正確に反映させる必要があります。

また、特に新民法の施行時には、中間利息控除に適用される法定利率が、従来の５％から３％に変更されることから、現在の水準と比較すると逸失利益や将来の介護費用の額が高額となり、支払うべき保険金の額も増加することになるため、保険料の見直しが必要になる可能性がある点に留意が必要です。

さらに、立法過程においても懸念が示されたとおり、同じ事故であっても、発生した時期に応じて中間利息控除の割合が大きく異なることになるため、中間利息控除の内容については、現場で丁寧な説明が求められることになると考えられます。

(2) 傷害保険

商品内容によって差異はあるものの、傷害保険（自動車保険における人身傷害条項も含みます）のうち、被害者が死傷した場合に損害額を補償するような実損てん補型の商品に関しては、新民法の施行により大きな影響が生じるものと考えられます。このような商品においては、保険金支払いの対象となる損害額の算定において、損害賠償の実務を踏まえた損害額の算定基準が約款上規定されていることがあります。その場合、新民法の施行後の損害額の算定基準において、中間利息控除を従来の５％の利率から変更するか否かという判断の点に加えて、基準を変更する場合の実務対応が問題となります。

このうち、新民法にあわせる場合の実務対応としては、約款上規定される損害額の算定基準について、保険期間中に法定利率が変更された場合には、中間利息控除に適用される法定利率も変更されることになるため、約款に添付されるライプニッツ係数表を差し替えるなどの対応が必要になると考えられます（定型約款の変更に関する問題については、前記Ⅱ①参照）。

VI

契約の解除に関する改正

1　解除

1．はじめに

債務不履行による解除とは、債務者が債務を履行しない場合に、債権者が契約を解除することをいいます。たとえば、売買契約の買主が代金を支払わない場合に、売主が売買契約を解除するようなケースです。

債務不履行による解除について、旧民法においては、履行不能（履行が不可能であること）の場合（旧民法543条）を除き、債務者の帰責事由は明確に要件とされていませんでしたが、判例・学説上、履行遅滞（履行が期限を過ぎていること）や不完全履行（履行はなされているが債務の内容に従った完全な履行でないこと）の場合にも債務者の帰責事由が必要であると解されていました。このような伝統的通説は、帰責事由を「故意・過失又は信義則上これと同視すべき事由」と捉えており、債務不履行による解除を、債務の履行を怠った債務者に対する制裁として位置づけていたものと考えられます。

これに対して、新民法では、解除制度を、契約の拘束力から債権者を解放するための制度であると位置づけ、債務不履行による解除にあたって債務者の帰責事由を要件としないことになりました。

生命保険の多くの約款では、保険契約者による保険料の未払いが一定期間継続した場合に保険契約は無催告で失効する旨を規定していますが、今回の改正はこのような約款の規定の解釈に影響を与える可能性があります。

2．新民法の内容

新民法では、催告解除については、債務不履行が契約および取引上の社会通念に照らして軽微であるときには解除することができないという従来の判例の考え方が明文化されました。また、無催告解除ができる場合について、明文で規定されることになりました。

（催告による解除）

第541条

当事者の一方がその債務を履行しない場合において、相手方が相当の期間を定めてその履行の催告をし、その期間内に履行がないときは、相手方は、契約の解除をすることができる。ただし、その期間を経過した時における債務の不履行がその契約及び取引上の社会通念に照らして軽微であるときは、この限りでない。

（催告によらない解除）

第542条

1　次に掲げる場合には、債権者は、前条の催告をすることなく、直ちに契約の解除をすることができる。

①　債務の全部の履行が不能であるとき。

②　債務者がその債務の全部の履行を拒絶する意思を明確に表示したとき。

③　債務の一部の履行が不能である場合又は債務者がその債務の一部の履行を拒絶する意思を明確に表示した場合において、残存する部分のみでは契約をした目的を達することができないとき。

④　契約の性質又は当事者の意思表示により、特定の日時又は一定の期間内に履行をしなければ契約をした目的を達することができない場合において、債務者が履行をしないでその時期を経過したとき。

⑤　前各号に掲げる場合のほか、債務者がその債務の履行をせず、債権者が前条の催告をしても契約をした目的を達するのに足りる履行がされる見込みがないことが明らかであるとき。

2　次に掲げる場合には、債権者は、前条の催告をすることなく、直ちに契約の一部の解除をすることができる。

①　債務の一部の履行が不能であるとき。

②　債務者がその債務の一部の履行を拒絶する意思を明確に表示したとき。

（債権者の責めに帰すべき事由による場合）

第543条

債務の不履行が債権者の責めに帰すべき事由によるものであるときは、債権者は、前2条の規定による契約の解除をすることができない。

(1)　催告解除　【一部変更】

上記のとおり、債務不履行による解除について、旧民法においては、履行不能の場合（旧民法543条）を除き、債務者の帰責事由は明確に要件とされていませんでしたが、判例・学説上、履行遅滞や不完全履行の場合にも債務者の帰責事由が必要であると解されていました。

また、債務不履行があった場合に損害賠償請求権が認められるか否かについても、同様に債務者の帰責事由が必要であるとされていました。すなわち、債務不履行による解除と損害賠償は、いずれも債務者に帰責事由がない場合には認められないこととされていました。

このうち、債務不履行による損害賠償請求権は、債務不履行によって生じた損害を債務者に負担させるものですから、債務の履行を怠った債務者に対する制裁というべきものであり、債務者に帰責事由がない場合にはそのような負担を正当化できないといえます。

これに対し、債務不履行による解除については、契約に基づく債務が期限を過ぎても履行されない状況にある場合や、債務の履行ができなくなっている場合に、債務者に帰責事由がないことを理由に契約の拘束力を免れることができないとすることは妥当ではないという指摘がありました。たとえば、債務者の工場が大規模自然災害により操業不能に陥った場合のように、債務者に債務不履行についての帰責事由がない場合に、債権者が常に契約の拘束力を免れることができず、債務の履行が受けられないまま代替取引もできないなど、債務者が債務不履行によるリスクの引受けを強いられるというのは、硬直的で不当な帰結といえます。

そこで、新民法では、解除制度について、契約関係を解消することで、当該契約の拘束力から当事者を解放するための制度であると位置づけ、債務不履行による解除にあたって債務者の帰責事由を不要としました。これにより、債務者の帰責事由は解除の要件ではないことになりました。

もっとも、債権者に帰責事由がある場合にまで債権者を契約の拘束力から解放するのは相当でないことから、この場合には契約の解除をすることができないとされています（新民法543条）。

また、新民法541条ただし書では、期間を経過した時における債務の不履行がその契約および取引上の社会通念に照らして「軽微」であるときは解除ができないものとされました。

債務の本質的ではない部分に不履行があった場合に解除が認められるかについては、「当事者が契約をなした主たる目的の達成に必須的でない附随的義務の履行を怠ったに過ぎないような場合には、特段の事情の存しない限り、相手方は当該契約を解除することができないものと解するのが相当である」とした判例[1]があります。このような判例の考え方も踏まえて、中間試案においては、「その期間が経過した時の不履行が契約をした目的の達成を妨げるものでないときは」解除が認められないとすることが検討されていました。

しかし、外形上は契約の付随的な約款にすぎず、契約締結の目的に不可欠なものでなくても、当該約款の不履行が契約締結の目的の達成に重大な影響を与える場合には、当該約款の債務は契約の要素たる債務にあたり、その不履行を理由として契約を解除できるとした判例[2]もあり、契約をした目的の達成を妨げるものでないときであっても、解除が認められるべき状況も考えられるところです。そこで、最終的には、新民法541条ただし書のとおり、債務の不履行が当該契約および取引上の社会通念に照らして軽微であるときには解除が認められないこととされました。ここで、債務の不履行が「軽微」であるかどうかは、当該契約および取引上の社会通念に照らして判断されますので、数量的にわずかな部分の不履行にすぎない場合であっても、その不履行の部分が当該契約において極めて重要な役割を果たしているようなときには、解除は認められることになります[3]。

(2) 無催告解除 【一部変更】

旧民法においては、履行遅滞による契約解除については、相当期間を定めた

1）最判昭和36年11月21日民集15巻10号2507頁。
2）最判昭和43年2月23日民集22巻2号281頁。
3）一問一答236頁。

催告を行うことが要件とされていました。これは、債務者に催告をすることにより履行を促し、履行の機会を与えることで、債権者による解除が正当化されるという考え方に基づくものです。

他方で、たとえば、いわゆる定期行為については催告をすることなく解除をすることができると定められていました（旧民法542条）。また、履行不能の場合には催告をしても無意味ですから、このような場合にも催告をしないで解除ができるとされていました（旧民法543条）。そのほか、債務者がその債務の履行をする意思がない旨を明らかにしたときや、債務者がその債務の履行をせず、債権者がその履行の催告をしても契約をした目的を達するのに足りる履行がされる見込みがないことが明らかであるときなどには、やはり催告は無意味といえます。

そこで、新民法では、催告をせずに解除できる場合として、以下の場合が具体的に規定されました（新民法542条1項）。

① 債務の全部の履行が不能であるとき
② 債務者がその債務の全部の履行を拒絶する意思を明確に表示したとき
③ 債務の一部の履行が不能である場合または債務者がその債務の一部の履行を拒絶する意思を明確に表示した場合において、残存する部分のみでは契約をした目的を達することができないとき
④ 契約の性質または当事者の意思表示により、特定の日時または一定の期間内に履行をしなければ契約をした目的を達することができない場合において、債務者が履行をしないでその時期を経過したとき
⑤ ①～④のほか、債務者がその債務の履行をせず、債権者が前条の催告をしても契約をした目的を達するのに足りる履行がされる見込みがないことが明らかであるとき

旧民法の下において、催告を不要とする特約（約定）は一般に有効であるものの、特に解除権の発生に係る要件と結びついている場合には、契約の性質およびその具体的事情に応じて当該特約の効力を判断すべきであると考えられて

いました[4]。たとえば、賃貸借契約における無催告解除特約については、賃貸借契約が当事者間の信頼関係を基礎とする継続的債権関係であることを考慮し、催告をしなくても不合理とは認められない事情が存在する場合には有効であると判示した判例があります[5]。

上記のとおり、新民法542条1項が催告をせずに解除できる場合を具体的に法定したことから、新民法の下でも無催告解除特約は有効であるのか、また、有効であるとしても旧民法よりも厳格にその有効性が判断されるのではないかについては、議論になる可能性があります。

この点に関しては、旧民法においても履行不能の場合や定期行為の場合の無催告解除についての規定が存在したことを考えると、新民法542条1項により無催告解除を認める事由が拡充されたとしても、そのことによって直ちに無催告解除特約が無効とされるものではないと考えられます。新民法542条1項は、もはや催告をすることが無意味と考えられる状況を具体的に列挙した規定ですから、催告をすることが無意味とまではいえなくても、一定の事由が生じた場合には迅速に解除権を発生させるという契約当事者の合意について否定するものではないと考えられます。したがって、新民法の下でも、旧民法のときと同様に、無催告解除特約の有効性が個別に判断されることになると考えられます。

なお、無催告解除特約については、消費者保護の観点から法律上無効とされることがあり（宅地建物取引業法42条2項、割賦販売法5条2項等）、また、一方当事者が消費者である場合には、消費者契約法10条により無効となる場合がある点には留意が必要です。

(3) 解除の効果に関する改正 【一部変更】

契約の解除によって契約当事者が負う原状回復義務について、金銭を返還する場合に受領時からの利息を付さなければならない旨の従前の規定に加え、金銭以外の物を返還する場合には受領時からの果実を返還しなければならない旨

4）新版注釈民法(13) 830頁。

5）最判昭和43年11月21日民集22巻12号2741頁。

の規定が追加されました（新民法545条3項）。

⑷　解除権の消滅に関する改正　【一部変更】

解除権者が故意または過失によって契約の目的物を著しく損傷した場合等には、解除権は消滅することとされていましたが、解除権者が解除権を有することを知らなかったときには解除権は消滅しないという例外が設けられました（新民法548条ただし書）。

⑸　経過措置

新民法の解除に関する規定は、施行日前に締結された契約の解除には適用されないものとされています（附則32条）。

３．保険実務における留意点

⑴　保険料の不払いと催告解除

保険契約者による保険料の不払いがあった場合に、履行遅滞部分が当該契約および取引上の社会通念に照らして軽微であるとして、解除が認められないようなことが考えられるかが問題となります。たとえば、保険契約が長期間継続している状況下で、保険料の振替口座の残高が振替保険料にわずかに足りないために、保険料が振り替えられなかったような場合に、かかる履行遅滞は契約および取引上の社会通念に照らして軽微といえるのでしょうか。

保険料の支払債務は、保険契約者が保険契約に基づき負担すべき債務の根幹をなすものであることからすれば、このような場合であっても、当該契約および取引上の社会通念に照らして軽微であるとはいえず、催告解除は許されるものと考えられます。

⑵　保険料の不払いと無催告失効条項

生命保険の約款の多くは、保険契約者による保険料の未払いが一定期間継続した場合に、保険契約が催告なしに失効する旨を規定しています。

このような無催告失効条項と消費者契約法10条の関係については、無催告失効条項が信義則に反して消費者の利益を一方的に害するもの（消費者契約法10条後段）に該当しないとした判例[6]があります。この判例は、保険契約者が不払いをした場合に無催告で保険契約が失効することの不利益を認めつつ、不払いをした契約者の権利保護のために一定の配慮が図られていることを、契約内容だけでなく、契約外の事情まで加味して判断しています。

具体的には、①保険料は払込期月内に払い込むべきものとされ、遅滞しても直ちに保険契約が失効するものではなく、債務不履行の状態が一定期間内に解消されない場合にはじめて失効する旨が明確に定められているうえ、上記一定期間は、旧民法541条により求められる催告期間よりも長い1か月とされており、さらに払い込むべき保険料等の額が解約返戻金の額を超えないときは、自動的に保険会社が保険契約者に保険料相当額を貸し付けて保険契約を有効に存続させる旨の自動貸付条項が定められており、保険契約が1回の保険料の不払いにより簡単に失効しないようにされているなど、保険料不払いの場合にも、契約者側の権利保護を図るために一定の配慮がされていること、②保険会社において、保険料支払債務の不履行があった場合に、契約失効前に保険料払込みの督促を行う態勢を整え、そのような実務上の運用が確実にされていたとすれば、通常、保険契約者は保険料支払債務の不履行があったことに気づくことができると考えられること等が、判断の理由として挙げられています。

無催告失効条項についても、無催告解除特約と同様に、新民法542条1項が催告をせずに解除できる場合を具体的に法定したことから、旧民法の下における場合より厳格にその有効性が判断されるのではないかが、議論になる可能性があります。

この点については、新民法の下でも、旧民法のときと同様に、無催告失効条項の有効性が個別に判断されることになると考えられるため、契約外の事情も加味して、その有効性が認められる可能性は十分にあると思われます。

6）最判平成24年3月16日民集66巻5号2216頁。

Ⅶ

債権・債務の移転に関する改正

1　債権譲渡

1．はじめに

債権譲渡に関する重要な新民法の規定としては、以下の内容が挙げられます（その他、旧民法における異議をとどめない承諾の制度が廃止されたことも改正点として挙げられます（詳細は後記②参照））。

①　譲渡制限特約の効力
②　譲渡制限特約が付された債権の債務者による供託
③　将来債権の譲渡の効力

たとえば、団体信用生命保険においては、普通保険約款上、「保険契約者および保険金受取人は、被保険者の同意および保険会社の承諾を得ずに、保険契約に関する権利を質入または譲渡することができない」旨の規定が設けられています[1]。また、一部の共済では約款等で共済金請求権の譲渡禁止を定めている例があるほか、保険契約以外の業務委託契約等において債権の譲渡や質入れを禁止している例もあります。

このように、債権の譲渡を禁止し、または制限する旨の債権者・債務者間の特約は、一般に「譲渡制限特約」と呼ばれますが、上記①および②の改正は譲渡制限特約に関する改正です。

また、保険金請求権は、一定の保険事故の発生を条件とした停止条件付債権と解されていますが、保険事故が発生する前に保険金請求権を譲渡することができるかという点が問題となります。上記③の改正は、将来債権の譲渡が有効であるとの判例法理を明文化したものであり、保険事故発生前の保険金請求権の譲渡も有効です。

1）その他、拠出型企業年金保険の約款においても、保険契約に関する権利の譲渡または担保提供が禁止されています。

2．譲渡制限特約の効力 【変更】

(1) 新民法の内容

> （債権の譲渡性）
> 第466条
> 1 債権は、譲り渡すことができる。ただし、その性質がこれを許さないときは、この限りでない。
> 2 当事者が債権の譲渡を禁止し、又は制限する旨の意思表示（以下「譲渡制限の意思表示」という。）をしたときであっても、債権の譲渡は、その効力を妨げられない。
> 3 前項に規定する場合には、譲渡制限の意思表示がされたことを知り、又は重大な過失によって知らなかった譲受人その他の第三者に対しては、債務者は、その債務の履行を拒むことができ、かつ、譲渡人に対する弁済その他の債務を消滅させる事由をもってその第三者に対抗することができる。
> 4 前項の規定は、債務者が債務を履行しない場合において、同項に規定する第三者が相当の期間を定めて譲渡人への履行の催告をし、その期間内に履行がないときは、その債務者については、適用しない。

新民法においては、譲渡制限の意思表示、すなわち譲渡制限特約があったとしても、債権譲渡自体は有効に行うことができるとされました（新民法466条2項）。

しかし、このように債権譲渡を有効とすれば、譲渡制限特約を付した債務者の利益が害されることになります。そこで、債務者は、譲渡制限の意思表示について悪意または重過失である譲受人に対し、債務の履行を拒むことができ、また、譲渡人に対する弁済その他の債務消滅事由を対抗することができるとされ、債務者の利益の保護が図られています（新民法466条3項）。

なお、上記の改正内容は、旧民法とは異なる解釈を採用したものです。旧民法の下においては、譲渡制限特約に反する債権譲渡の効力は、譲受人が譲渡制限特約について悪意または重過失であるときには、譲渡当事者間においても無効であるとする考え方が通説的見解でした。

しかし、これでは債権譲渡担保による資金調達に障害が生ずるなどの問題意識があったこと、また、債務者の利益を保護するにしても、必ずしも債権譲渡を無効にしなければならない必然性はないことなどから、上記のような改正に至りました。

(2)　保険実務における留意点

保険法の立法過程では、保険金請求権の譲渡禁止を法律で定めるべきであるとの意見も一部ありましたが、最終的に譲渡禁止を法律で定めることはされませんでした。また、多くの保険約款では、保険金請求権の譲渡や質入れを禁止していませんので、譲渡制限特約が問題となることは実務的に少ないと考えられます。団体信用生命保険や一部の共済においては、約款等で譲渡制限特約が定められている例がありますが、今回の改正内容に照らして、従来の実務への大きな影響はないと考えられます（たとえば、団体信用生命保険において、譲渡制限特約により保険金が住宅ローン債務等の弁済に充当されることを確保するなどの現行実務は、改正によっても影響を受けないと考えられます）。

もっとも、譲渡制限特約に関する基本的な民法の考え方が変更されたことから、現行の約款における譲渡制限特約の定め方を見直すなど、改正内容を意識した実務対応を行うことも考えられます。

従来の実務においては、保険約款に譲渡制限特約がある場合、旧民法の下における通説的見解に基づき、譲受人の悪意または重過失があるときには、譲渡制限特約に反して行われた債権譲渡は無効なものと解され、したがって、債務者である保険会社は、従前の債権者（＝譲渡人）に債務を弁済する必要がありました（なお、譲受人の悪意または重過失の有無を保険会社が知ることができないときは、弁済供託が可能でした）。

これに対し、新民法においては、新民法466条2項に基づき、譲渡制限特約に反して行われた債権譲渡も有効になります。ただし、同条3項に基づき、譲受人の悪意または重過失があるときには、債務者である保険会社は、従前の債権者（＝譲渡人）に債務を弁済することも可能であり、また、債権譲渡を承諾して譲受人に対して弁済することも可能となります。保険会社としては、必要に応じて、パンフレットやホームページ等を活用して保険契約に関する権利の譲渡等が禁止されていることを広く周知し、譲受人から善意を主張されないよう手当をしておくことも考えられるところです。

なお、債務者が債務を履行しない場合には、譲受人は債務者に対し相当の期間を定めて譲渡人への履行の催告をすることができ、その期間内に履行がないときは、債務者は譲受人に対して債務を履行しなければならないため（新民法466条4項）、保険会社に対してそのような催告が行われる可能性がある点にも注意が必要です。

以上のとおり、新民法により、譲渡制限特約が付された債権の譲渡は有効になりますが、債務者である保険会社としては、少なくとも民法改正前と同じ実務を維持することが可能であると考えられます。他方で、約款の譲渡制限特約を維持する場合でも、新民法においては、譲渡制限特約に反して行われた債権譲渡も有効なものとなるため、一律に譲渡や質入れが無効であるかのように読める現行約款の表現を見直し、新民法の規定にあわせて悪意または重過失の第三者に対して対抗できる旨を明記することも考えられます。

3．譲渡制限特約が付された債権の債務者の供託　【新設】

(1)　新民法の内容

（譲渡制限の意思表示がされた債権に係る債務者の供託）
第466条の2
1　債務者は、譲渡制限の意思表示がされた金銭の給付を目的とする債権が譲渡されたときは、その債権の全額に相当する金銭を債務の履行地（債務の履行地が債権者の現在の住所により定まる場合にあっては、譲渡人の現在の住所を含む。次条において同じ。）の供託所に供託することができる。
2　前項の規定により供託をした債務者は、遅滞なく、譲渡人及び譲受人に供託の通知をしなければならない。
3　第1項の規定により供託をした金銭は、譲受人に限り、還付を請求することができる。

旧民法の下においては、譲渡制限特約が付された保険金請求権が譲渡された場合、保険会社としては、譲受人の善意・悪意が不明であるときは、債権者不確知を理由として供託できるとされてきました。これに対し、上記2.(1)で述べたとおり、新民法においては、譲渡制限特約が付された場合でも債権譲渡自体の効力は妨げられないため、債権者が不確知であることを理由として供託することはできず（譲渡制限特約があっても、債権者は譲受人に確定することになるため、「不確知」とはいえないからです）、譲受人の善意・悪意が不明であるときの保険会社の対応が問題となります。

この点について、新民法においては、譲渡制限特約が付された金銭の給付を目的とする債権が譲渡されたときは、その債権の全額に相当する金銭を供託することができる旨が規定されました（新民法466条の2第1項）。供託された場合には、現債権者である譲受人のみが供託金の還付を請求することができます（同条3項）。

(2)　保険実務における留意点

従来の保険実務においては、保険会社は、譲受人の善意・悪意が不明である場合に限り、供託することができましたが、新民法466条の2第1項は、金銭債権の譲渡に限定されてはいるものの、譲渡制限特約が付された金銭債権が譲渡されたときは、当然にその債権の全額に相当する金銭を供託することができる旨を規定しています。

したがって、保険会社としては、譲渡制限特約が付された金銭債権が譲渡された場合、同規定に基づく供託を利用することも考えられます。

４．将来債権の譲渡の有効性 【新設】

(1) 新民法の内容

(将来債権の譲渡性)
第466条の6
1 債権の譲渡は、その意思表示の時に債権が現に発生していることを要しない。
2 債権が譲渡された場合において、その意思表示の時に債権が現に発生していないときは、譲受人は、発生した債権を当然に取得する。
3 前項に規定する場合において、譲渡人が次条の規定による通知をし、又は債務者が同条の規定による承諾をした時（以下「対抗要件具備時」という。）までに譲渡制限の意思表示がされたときは、譲受人その他の第三者がそのことを知っていたものとみなして、第466条第3項（譲渡制限の意思表示がされた債権が預貯金債権の場合にあっては、前条第1項）の規定を適用する。

将来債権の譲渡とは、将来発生する債権を売買等によって譲渡し、またはこれを担保に供する目的で譲渡することをいい、たとえば保険金請求権は、将来における一定の保険事故の発生を停止条件とする将来債権であると考えられます。このような将来債権の譲渡が可能であることは、旧民法では条文上明確ではありませんでした。

そこで、新民法においては、将来債権の譲渡が可能であることが明文化され（新民法466条の6第1項・2項）、その場合の対抗要件については、既発生の債権の譲渡と同様の方法によって具備することができる旨が規定されました（新民法467条）。

また、将来債権の譲渡と譲渡制限の意思表示との関係について、新民法においては、債務者対抗要件の具備時までにされた譲渡制限の意思表示の範囲において、債務者は、将来債権の譲受人に対し、履行拒絶権を有し、譲渡人に対する債務消滅事由を対抗することができるとされました（新民法466条の6第3項）。

⑵　保険実務における留意点

従来の判例法理に従った実務と同様、新民法の下での保険実務においても、保険金請求権等の将来債権が譲渡された場合には、このような譲渡が有効であることを前提に対応する必要があります。

5．経過措置

債権譲渡（譲渡制限特約を含みます）に関する経過措置においては、施行日前に譲渡の原因である法律行為がされた債権の譲渡については旧民法を適用し、施行日以後に譲渡の原因である法律行為がされた債権の譲渡については新民法を適用するものとされています（附則22条）。

2 債権の質入れ

1．はじめに

保険実務上、保険契約に関する債権について、質権が設定される場面はいくつか見受けられます（債権に設定される質権を一般に「債権質」と呼びます）。たとえば、住宅の火災保険において、住宅ローンの債権者である金融機関が当該住宅に付保された火災保険に係る保険金請求権に質権を設定することや、生命保険において解約返戻金に質権を設定することがあります。

今回の民法改正では、質権に直接関係する規定の改正はありませんが、債権譲渡に関する改正に伴い、質権設定者の抗弁に関するルールも変わるため、債権質に関する保険実務においても改正内容を押さえておくことが重要です。

まずは、債権質の対抗要件について改めて確認したうえで、質権設定者の抗弁について説明します。

2．債権質の対抗要件と抗弁

(1) 新民法の内容

(i) 対抗要件 【変更なし】

> （債権を目的とする質権の対抗要件）
> 第364条
> 　債権を目的とする質権の設定（現に発生していない債権を目的とするものを含む。）は、第467条の規定に従い、第三債務者にその質権の設定を通知し、又は第三債務者がこれを承諾しなければ、これをもって第三債務者その他の第三者に対抗することができない。

債権質の対抗要件については、改正による変更点はありません。旧民法と同様、新民法においても、債権質の対抗要件は、債権譲渡の対抗要件に関する規定に従うものとされています。すなわち、新民法364条は、債権を目的とする質権の設定（現に発生していない債権を目的とするものを含みます）は、新民法467条の規定に従い、第三債務者にその質権の設定を通知し、または第三債務者がこれを承諾しなければ、これをもって第三債務者その他の第三者に対抗することができないと規定しています。

たとえば、Aが、自己の所有する家屋にX保険会社の火災保険を付保したうえで、B銀行に対する借入債務を担保するために、当該火災保険に係る保険金請求権に質権を設定したとします。この場合、AがX保険会社に対して質権を対抗するためには、新民法364条により、X保険会社に対して当該質権設定を通知し、またはX保険会社がこれを承諾することが必要となります。

(ii)　第三債務者の抗弁　【変更】

第三債務者は、質権設定者に対して抗弁を有していた場合、これを積極的に放棄しない限り、質権者に対してもこれを対抗することができると解されます（新民法468条1項類推適用）。

旧民法の下においては、債権譲渡の場合の債務者の抗弁に関する旧民法468条2項が類推適用され、第三債務者は、異議をとどめずに承諾をした場合には、それまで質権設定者に対して有していた抗弁を質権者に対抗できないと解されていました。しかし、新民法においては、旧民法468条2項の規定が廃止され、債務者は、対抗要件具備時までに譲渡人に対して生じた事由（抗弁）を対抗することができるとされたため（新民法468条1項）、債権質においても、第三債務者は、質権の対抗要件具備時までに質権設定者に対して生じた事由（抗弁）を質権者に対抗することができると解されます。

(2)　保険実務における留意点

従来の保険実務においては、保険会社が質権設定者に対して何らかの抗弁を有していた場合でも、質権設定について異議をとどめずに承諾すれば、当該抗弁を質権者に対抗できないことになるため、承諾の際にはこの点について留意する必要がありました。

これに対し、新民法においては、保険会社は、積極的に抗弁を放棄する旨の意思を表示しない限り、質権設定者に対して生じた抗弁を質権者にも対抗することができることになります。

保険実務においては、一般に「質権設定承諾請求書」という質権設定に対する承諾書のフォーマットが用意されており、質権者、保険契約者、被保険者等の連名により保険会社に対して承諾を求めることが広く行われています。今回の改正により従来の実務を大きく変更する必要はないと考えられますが、異議をとどめない承諾の制度が廃止されたことに伴い、現行の承諾請求書の記載を見直す必要がないかなど、各保険会社において対応すべき事項を検討する必要があります。

なお、保険金請求権を質入れするためには、当該請求権についての処分権限を有している必要があるため、保険契約者と保険金請求権者が別人の場合には、保険金請求権者が保険金請求権の質入れをすることになります。この場合に、保険契約者が保険金受取人の変更権を有することを根拠に、保険契約者による質入れも可能であるとの見解があります。しかし、個別の事案にもよりますが、保険金請求権者による質入れが原則であることからすれば、保険金受取人等の保険金請求権者の地位を保険契約者に変更したうえで、保険契約者による質入れを認めるのが安全であると考えられます（生命保険または傷害疾病定額保険における保険金請求権の譲渡や質入れには被保険者の同意が必要である点にも注意が必要です（保険法47条、76条））。

3. 経過措置

施行日前に質権設定契約が締結された場合の対抗要件については、新民法364条の規定は適用されないこととされています（附則11条）。

3　債務引受けに関する改正

1．はじめに

債務引受けについて、旧民法には明文の規定がありませんでしたが、新民法においては、併存的債務引受および免責的債務引受に関する要件および効果が整理されました。

保険実務においては、自動車保険の対人・対物賠償責任条項における直接請求権に関して併存的債務引受が問題になることがありますので、以下では、併存的債務引受について説明します。

2．併存的債務引受の概要

併存的債務引受とは、第三者（引受人）が既存の債務について新たな債務者となり、原債務者と並んで同一の債務を負担することをいいます。

たとえば、自賠法16条1項は、被害者は、保険金額の限度において、保険者に対して損害賠償額の支払いをなすべきことを請求することができるものと規定していますが、同規定については、被保険者の損害賠償債務について保険者が併存的に債務引受けを行うものと解されています[2)]。

また、任意の自動車保険の約款においても、対人・対物賠償条項の中で、被害者の直接請求権が規定されているのが一般的であり、同約款の規定についても、被保険者の損害賠償債務についての併存的債務引受と解する見解があります[3)]。

2）東京高判昭和54年10月30日判タ412号125頁等。

3）山下・保険法441頁。

３．新民法の内容 【新設】

(1) 要件

(併存的債務引受の要件及び効果)
第 470 条
1 併存的債務引受の引受人は、債務者と連帯して、債務者が債権者に対して負担する債務と同一の内容の債務を負担する。
2 併存的債務引受は、債権者と引受人となる者との契約によってすることができる。
3 併存的債務引受は、債務者と引受人となる者との契約によってもすることができる。この場合において、併存的債務引受は、債権者が引受人となる者に対して承諾をした時に、その効力を生ずる。
4 前項の規定によってする併存的債務引受は、第三者のためにする契約に関する規定に従う。

新民法 470 条は、併存的債務引受は、以下のいずれかの要件を満たすことにより成立するものとしています。

① 債権者、原債務者および引受人となる者の三者契約
② 債権者と引受人となる者の契約
③ 原債務者と引受人となる者との契約およびこれに係る引受人となる者に対する債権者の承諾

(2) 効果

(併存的債務引受における引受人の抗弁等)
第 471 条
1 引受人は、併存的債務引受により負担した自己の債務について、その効力が生じた時に債務者が主張することができた抗弁をもって債権者に対抗することができる。
2 債務者が債権者に対して取消権又は解除権を有するときは、引受人は、

> これらの権利の行使によって債務者がその債務を免れるべき限度において、債権者に対して債務の履行を拒むことができる。

併存的債務引受の引受人は、債務者と連帯して、債務者が債権者に対して負担する債務と同一の内容の債務を負担するとされています（新民法470条1項）。

また、引受人は、債務引受けにより負担した自己の債務について、その効力が生じた時に原債務者が主張することができた抗弁をもって債権者に対抗することができるとされています（新民法471条1項）。

４．保険実務における留意点

自動車保険における直接請求権について、被保険者の損害賠償債務の併存的債務引受と考えた場合には、新民法の併存的債務引受に関する規定が適用されることになるため、直接請求権をめぐる法律関係が明確になったといえます。

今回の改正は、旧民法の下で解釈上認められていた債務引受けに関するルールを明確化したものですので、従来の保険実務への影響はないと考えられます。もっとも、法的位置づけが明確になったことに伴い、さまざまな場面で解釈上の影響が生じることも考えられますので、特に併存的債務引受の要件や効果については正確に理解しておくことが重要です。

5．経過措置

施行日前に締結された債務の引受けに関する契約については、新民法470条および471条の規定は適用されないこととされています（附則23条）。

4　契約上の地位の移転

1．はじめに

保険者および保険契約者は、保険契約の一方当事者としての地位を有していますが、このような契約上の地位を第三者に移転させることを契約上の地位の移転といいます。

契約上の権利の譲渡（債権譲渡）や契約上の義務の引受け（債務引受け）によっては、債権・債務の発生原因となっている契約当事者は変更しないため、譲渡人は引き続き契約の当事者としての地位を有することになります。他方、契約上の地位を移転した場合には、譲渡人は契約関係から離脱することになり、譲受人が契約当事者となり、解除権や取消権を行使することができます。

このような契約上の地位の移転は、実務上広く行われていますが、旧民法には契約上の地位の移転に関する規定はありませんでした。判例・学説上は、譲渡人と譲受人の合意に加えて、契約の相手方の承諾があれば、契約上の地位を移転することができることについて争いはありません。今回の改正は、このような考え方を明文で規定したものです。

2．新民法の内容　【新設】

> 第539条の2
> 　契約の当事者の一方が第三者との間で契約上の地位を譲渡する旨の合意をした場合において、その契約の相手方がその譲渡を承諾したときは、契約上の地位は、その第三者に移転する。

契約上の地位を移転するためには、譲渡人と譲受人が契約上の地位を譲渡する旨の合意をした場合において、その契約の相手方が譲渡を承諾することが必要とされています。

もっとも、賃貸借契約における賃貸人たる地位の移転の場合のように、契約上の地位が譲受人に承継されないことによって保護される利益が相手方にないのであれば、例外的に契約の相手方の承諾を要しないとされています。わかりやすさの観点からは、契約上の地位の移転につき相手方の承諾が不要である場合がどのような場合であるかについて、できる限り要件を明確化すべきであるとの意見もあるところです。そのため、中間試案においては、契約上の地位の移転につき相手方が譲渡の承諾を拒絶することに利益を有しない場合には相手方の承諾を要しない旨の規定を設けることも検討されていましたが、最終的な改正内容には含まれないことになりました。

なお、不動産の譲渡があった場合に、当該不動産を対象とする賃貸借契約について、一定の条件の下で、契約の相手方である賃借人の承諾がなくても不動産の譲渡人から譲受人に賃貸人たる地位が移転することについては、契約上の地位の移転の例外として今回の改正で新たに規定が設けられました（新民法605条の2、605条の3）（詳細は後記Ⅸ③参照）。

3．保険実務における留意点

新民法539条の2によれば、保険契約者が保険契約上の地位を移転するためには保険者の承諾が必要とされることから、保険者が承諾を拒絶した場合には、保険契約上の地位の移転はできないことになります。今回の改正前の事例ですが、生命保険契約の買取りに関し、約款上、保険契約上の権利義務の承継には保険者の同意を要すると定められていたところ、当該規定に基づいて保険者が同意を拒否することは権利濫用または信義則違反に該当しないと判断した裁判例があります[4]。

また、保険金受取人が介入権（保険法60条～62条、89条～91条）を行使した場合にも、保険契約者と保険金受取人との間の合意により、保険契約上の地

4）東京高判平成18年3月22日判時1928号133頁。

位を保険契約者から保険金受取人に移転することが考えられます。この場合も、新民法の規定に従い、保険会社の承諾がなければ保険契約上の地位の移転は認められないものと考えられます。

なお、介入権の行使については、保険法の立法過程では、介入権の行使により保険契約者の地位が介入権を行使した者に移転することを認めるとの考え方も検討されましたが、最終的には任意の合意に委ねることとし、介入権の効果として保険契約者の地位の移転までは認めないこととされました。もっとも、その際も、保険契約者の地位の移転には保険者の承諾または同意があることが必要とされており、契約上の地位の移転については、新民法と同様の考え方を前提として議論が行われていました[5)]。

以上のように、新民法の規定は旧民法における考え方を明確化したものであり、また、保険約款においても保険契約上の権利義務を第三者に承継するためには保険会社の同意が必要とされているのが通例であるため、現行の実務への影響はないと考えられます。

4. 経過措置

契約上の地位の移転に関する規定は、施行日前に締結された、契約上の地位を譲渡する旨の合意には適用されないものとされています（附則31条)。地位の移転の対象となる契約の締結日ではなく、契約上の地位を譲渡する旨の合意がなされた時点によって、新民法が適用されるかどうかを判断する点には留意が必要です。

5）萩本・一問一答保険法204頁。

Ⅷ

債務の保証に関する改正

1 はじめに

保証は、主たる債務者が債務を履行することができない場合に備えて、債権者と保証人との間で契約をするものですが、今回の民法改正では、保証人（特に個人保証人）の保護の観点から、多岐にわたる改正が行われています。

もっとも、保険会社の実務との関係では、代理店委託契約における保証や企業貸付けにおける保証、不動産賃貸借契約における保証など、問題となる場面が限定的であるため、ここではポイントを絞って説明します。具体的には、以下の点について取り上げます。

① 保証人に対する情報提供
② 個人根保証契約における極度額
③ 保証意思宣明公正証書の作成
④ 連帯保証人に生じた事由の効力

これらは、新民法において新たに設けられたルールであるため、旧民法における運用との違いを整理しておくことが重要です。

2 保証人に対する情報提供義務

1. 新民法のルール

新民法においては、保証人に対して債権者が負う情報提供義務として、①債務の履行状況に関する情報の提供、②主たる債務者の期限の利益喪失に関する情報の提供が定められています。

これに加えて、保証人に対して債務者が負う情報提供義務として、③債務者の財産等に関する情報の提供も定められています（図表Ⅷ－1参照）。

以下では、これらの情報提供義務の内容とともに、保険実務において留意すべき点を説明します。

▶図表Ⅷ－1　債権者および債務者が負う情報提供義務

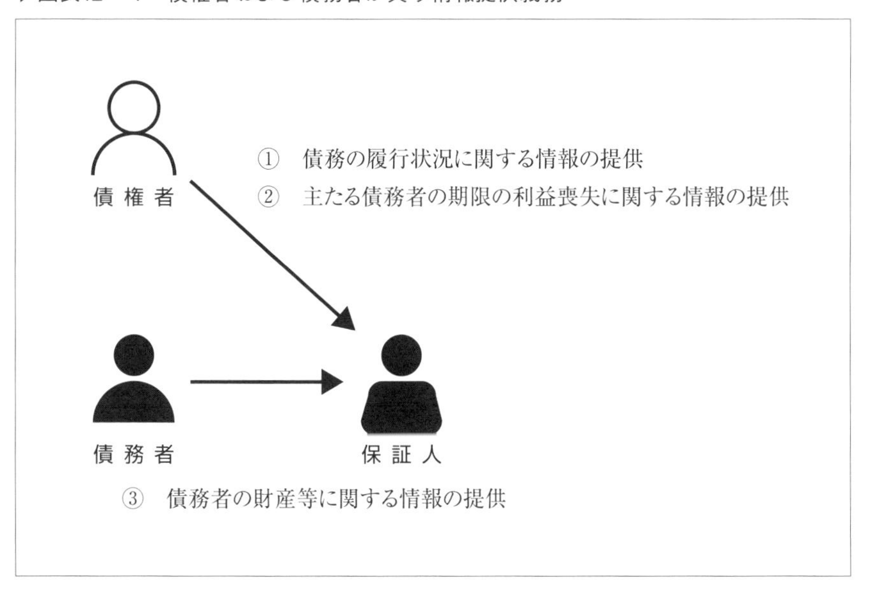

2．主債務の履行状況に関する情報提供　【新設】

（主たる債務の履行状況に関する情報の提供義務）
第458条の2
　保証人が主たる債務者の委託を受けて保証をした場合において、保証人の請求があったときは、債権者は、保証人に対し、遅滞なく、主たる債務の元本及び主たる債務に関する利息、違約金、損害賠償その他その債務に従たる全てのものについての不履行の有無並びにこれらの残額及びそのうち弁済期が到来しているものの額に関する情報を提供しなければならない。

(1)　義務の内容

債権者は、債務者から委託を受けて保証契約を締結した保証人から請求があったときは、主たる債務の履行状況に関する情報を保証人に提供しなければなりません（新民法458条の2）（図表Ⅷ－2参照）。

▶図表Ⅷ－2　債務の履行状況の情報提供義務

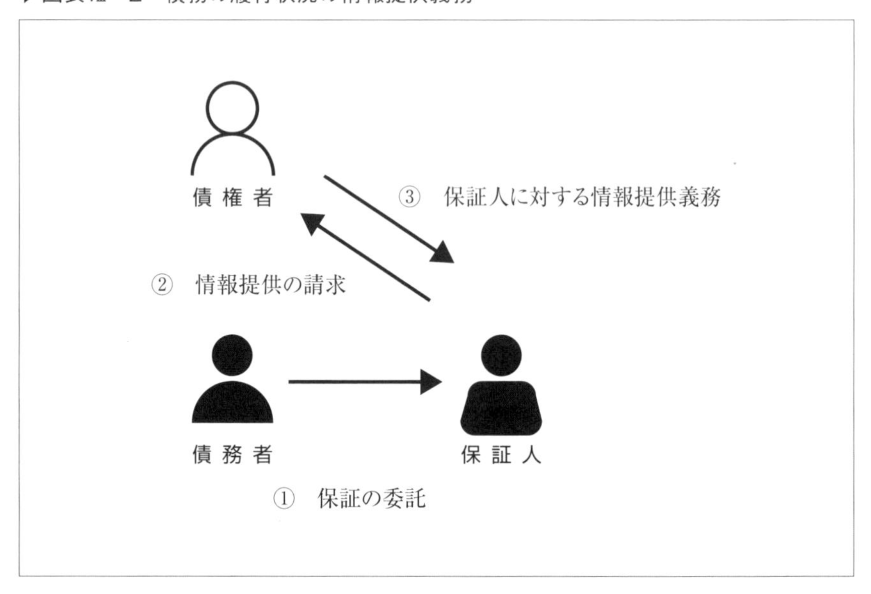

ここでいう主たる債務の履行状況に関する情報としては、主債務の元本債務および従たる債務（利息・違約金・損害賠償等を指します）について、それぞれの不履行の有無を伝えるとともに、未払いの各債務の残額およびそのうちの弁済期到来分の額を伝える必要があります。

このような情報提供義務の不履行があった場合、保証人は、債権者に対して、損害賠償請求ができ、また保証契約の解除が認められる可能性もあるため、注意が必要です。

⑵　保険実務における留意点

主たる債務の履行状況に関する情報提供義務は、保証人からの請求があった場合に生じるものです。したがって、保証人による請求を受け付け、これに対応する担当窓口等を設置のうえ、情報提供が確実に行われるようにする必要があります。また、当然のことながら、提供すべき情報は正確である必要がありますので、主たる債務者による履行状況をアップデートし、最新かつ正確な情報を確認できるよう準備しておくことも重要です。

たとえば、代理店委託契約における保証の場合には、代理店管理等を行う部門において、保証人からの請求があった場合の対応マニュアルを整備し、遅滞なく情報提供を行うことができる態勢を整えておくことが必要になります。

なお、旧民法の下では、債権者が保証人に対して履行状況に関する情報を提供することについて、守秘義務や個人情報保護法に抵触する懸念がありましたが、新民法における情報提供義務はこれらに優先するため、このような懸念は払拭されました。

3．主債務者の期限の利益喪失時における情報提供　【新設】

（主たる債務者が期限の利益を喪失した場合における情報の提供義務）
第458条の3
1　主たる債務者が期限の利益を有する場合において、その利益を喪失したときは、債権者は、保証人に対し、その利益の喪失を知った時から２箇月以内に、その旨を通知しなければならない。
2　前項の期間内に同項の通知をしなかったときは、債権者は、保証人に対し、主たる債務者が期限の利益を喪失した時から同項の通知を現にするまでに生じた遅延損害金（期限の利益を喪失しなかったとしても生ずべきものを除く。）に係る保証債務の履行を請求することができない。
3　前２項の規定は、保証人が法人である場合には、適用しない。

(1)　義務の内容

主たる債務者が期限の利益を喪失したときは、債権者は、その事実を知った時から２か月以内に、期限の利益を喪失したことを保証人に通知しなければなりません（新民法 458 条の 3 第 1 項）（図表Ⅷ－3（次頁）参照）。ここでの通知は、債権者が通知を発したのみでは足りず、当該通知が保証人に到達しなければなりません[1)]。

この通知が行われなかった場合、債権者は、主たる債務が期限の利益を喪失した時から通知をするまでに生じた遅延損害金に係る保証債務の履行を請求することができません（新民法 458 条の 3 第 2 項）。

なお、期限の利益の喪失にかかわらず生じていた遅延損害金については、上記の通知がなくても請求ができることに留意が必要です（新民法 458 条の 3 第 2 項括弧書）。したがって、期限の利益の喪失とは関係なく、履行期を徒過している債権に関して発生する遅延損害金については、上記の通知を行わなくても請求することができます。

また、この情報提供義務は、保証人が法人である場合は適用されないことにも注意が必要です（新民法 458 条の 3 第 3 項）。したがって、保証人が個人である場合にのみ、この情報提供義務を履行すれば足ります。

1）一問一答 133 頁。

▶図表Ⅷ－3　債務者が期限の利益を喪失した場合の情報提供義務

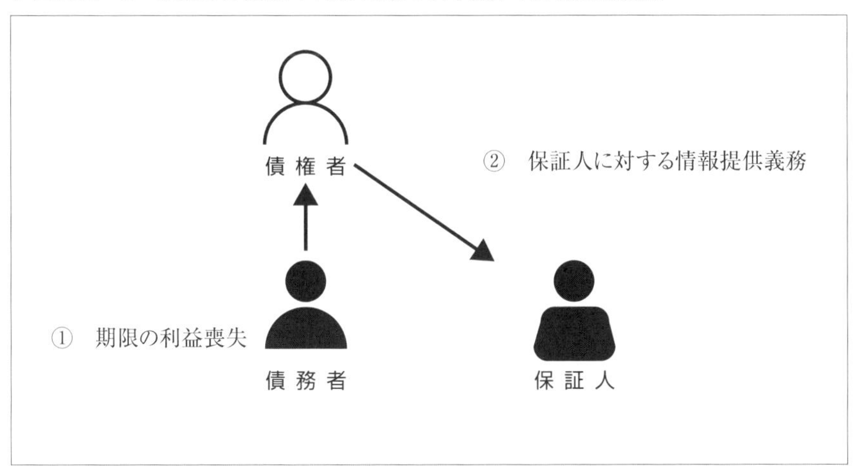

(2) 保険実務における留意点

従来は、債務者が期限の利益を喪失した場合には、当然に保証人に対しても遅延損害金を請求することができると考えられていたため、いつ期限の利益を喪失したかを厳密に管理していなかったように思われます。しかし、新民法において上記のような情報提供義務が新設されたことにより、原契約（代理店委託契約、金銭消費貸借契約等）における期限の利益喪失条項をきちんと確認し、これに該当する事実が生じたか否かを正確に把握することが重要になりました。そして、このような事実が生じたことを認識した場合、債権者である保険会社としては、速やかに保証人に対して情報提供を行うことができるフローを構築しておくことが必要です。

また、前述のとおりこの通知は保証人に到達する必要がありますが、保証人の転居等によりその住所が不明となる可能性があります。そのため、債権者である保険会社としては、誰を保証人とするかを今まで以上に慎重に判断する必要があるほか、原契約および保証契約等において、保証人の住所変更があった場合の届出義務を主たる債務者および保証人に対して課すこと等が考えられます。

4．主債務者の財産等に関する情報提供義務　【新設】

（契約締結時の情報の提供義務）
第465条の10

1　主たる債務者は、事業のために負担する債務を主たる債務とする保証又は主たる債務の範囲に事業のために負担する債務が含まれる根保証の委託をするときは、委託を受ける者に対し、次に掲げる事項に関する情報を提供しなければならない。
　①　財産及び収支の状況
　②　主たる債務以外に負担している債務の有無並びにその額及び履行状況
　③　主たる債務の担保として他に提供し、又は提供しようとするものがあるときは、その旨及びその内容
2　主たる債務者が前項各号に掲げる事項に関して情報を提供せず、又は事実と異なる情報を提供したために委託を受けた者がその事項について誤認をし、それによって保証契約の申込み又はその承諾の意思表示をした場合において、主たる債務者がその事項に関して情報を提供せず又は事実と異なる情報を提供したことを債権者が知り又は知ることができたときは、保証人は、保証契約を取り消すことができる。
3　前2項の規定は、保証をする者が法人である場合には、適用しない。

⑴　義務の内容

主たる債務者は、事業のために負担する債務の保証を委託するときは、保証人に対して、新民法465条の10第1項各号に規定される情報を提供しなければなりません。なお、ここでの保証人は個人に限られ、法人の場合はこの規定は適用されません（同条3項）

このような債務者による情報提供義務が履行されず、かつ、以下の2つの要件のいずれも満たす場合には、保証人は保証契約を取り消すことができます（新民法465条の10第2項）。

① 債務者が情報を提供しなかったことにより、保証人が誤認に基づいて意思表示したこと ② 情報を提供しなかったことにつき債権者に悪意または過失があったこと

ここでの情報提供義務は、他の前述した2つの情報提供義務とは性質が異なります。他の2つは、あくまで債権者が負う情報提供義務であり、債権者が自らすべきことを行っていれば、その履行は必ずしも困難なものではありません。他方、この主たる債務者が負う情報提供義務は、債務者が行うべきものであるため、債権者としては、その履行がなされているかを完全に把握することは困難です。

しかし、債権者としては、債務者による情報の不提供について悪意である場合だけでなく、過失によって知らなかった場合にも保証契約が解除されるリスクがあるため、適切に対応する必要があります（図表Ⅷ－4参照）。

▶図表Ⅷ－4　債務者の財産等に関する情報提供義務

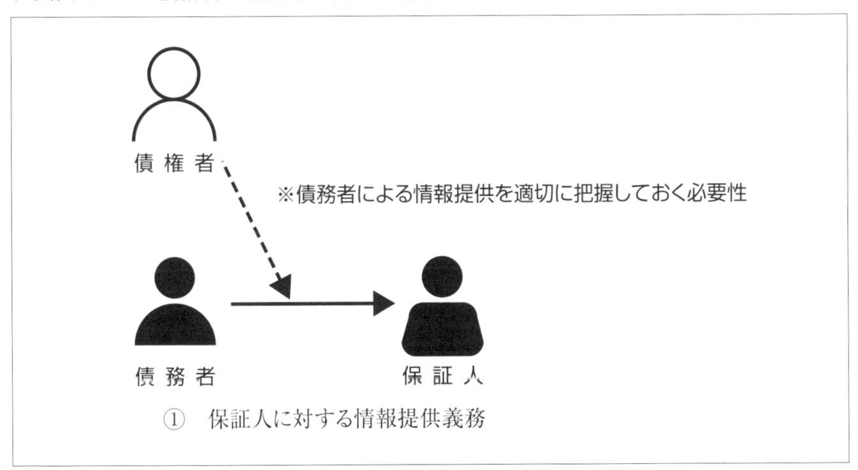

⑵　保険実務における留意点

たとえば、代理店委託契約に関し、当該委託業務によって生じる一切の債務（保険料引渡債務や損害賠償債務等）について保証を行う場合には、事業のために負担する債務に該当するため、主たる債務者である代理店から保証人に対して、代理店の財産等の情報を提供しなければなりません。そのため、債権者である保険会社としては、代理店による情報提供を促すとともに、仮に情報が提供されなかった場合であっても、その点について無過失であるという主張ができるように備えておくことが重要です。

このような観点から、代理店委託契約において、代理店から保証人に対して必要な情報を提供する義務を明確に規定し、代理店による情報提供義務の履行を促すことが考えられます。また、保証人との間で締結する保証契約または保証条項等において、主たる債務者から法定の情報の提供を受けた旨の確認規定を設けることや、保険会社において情報提供に使用するフォーマットを用意し、実際に情報提供した内容のコピーを提出してもらう（ただし、この場合、フォーマットの記載内容が正確であることを可能な限り確認できるようにしておくことが望ましいと考えられます。不正確な内容を看過したという点を過失の根拠とされるリスクを少なくするためです）ことで、主たる債務者からの情報提供の事実を書面で確認できるようにしておくこと等が考えられます。

3 個人根保証契約に関する極度額

1．新民法の内容 【新設】

（個人根保証契約の保証人の責任等）
第465条の2
1 一定の範囲に属する不特定の債務を主たる債務とする保証契約（以下「根保証契約」という。）であって保証人が法人でないもの（以下「個人根保証契約」という。）の保証人は、主たる債務の元本、主たる債務に関する利息、違約金、損害賠償その他その債務に従たる全てのもの及びその保証債務について約定された違約金又は損害賠償の額について、その全部に係る極度額を限度として、その履行をする責任を負う。
2 個人根保証契約は、前項に規定する極度額を定めなければ、その効力を生じない
3 （略）

根保証契約とは、一定の範囲に属する不特定の債務を主たる債務とする保証契約をいいます。継続的な関係から生じる不特定の債務を保証する場合が根保証にあたり、具体的には、継続的取引契約の保証・信用保証・身元保証・不動産賃借人の保証等が挙げられます。

このような根保証を個人が締結する場合、個人根保証契約として、極度額、すなわち保証する範囲の上限を定める必要があります（新民法465条の2第1項）。そして、極度額を書面または電磁的記録で定めなければ、当該個人根保証契約は無効となります（同条2項・3項）。

また、極度額を定めない無効な根保証契約に基づいて保証債務を履行した場合、保証人は、債権者に対して、当該履行部分を不当利得として返還請求をすることができます。

2. 保険実務における留意点

たとえば、代理店委託契約は、継続的契約として保険料引渡債務や損害賠償債務等の不特定の債務を生じさせますので、この契約に伴って生じる債務を個人が保証する場合には、個人根保証契約となります。したがって、このような保証契約については、極度額を定めることが必須となります。

この場合に、極度額を「代理店手数料の○か月分」といった定め方が可能であるかということも問題となります。しかし、極度額は保証契約の締結の時点で確定的な金額を定めなければならないとされており、その後の変動が想定される金額をもとに極度額を定めることはできないと考えられます[2)]。

また、保険契約以外の場面では、保険会社の従業員の身元保証にも留意が必要です。保険会社が従業員を雇用する際に、その親族等に身元保証を求めることがありますが、このような身元保証も個人根保証契約に該当するため、極度額を定める必要があると考えられます。

なお、従来は、このような極度額に関する民法のルールがなかったことから、代理店委託契約等においては、念のために関係者から保証を取り付けるという対応が広く行われていましたが、新民法の下では、極度額として具体的な金額が記載されることにより、保証人が保証債務の引受けを敬遠することも十分予想されます。さらに、極度額以外の点でも、前述したとおりさまざまな情報提供義務が課されることとなり、保証契約の管理がより煩雑になることも想定されます。

このように、新民法においては保証に関して厳しいルールが設けられているため、保険会社としては、従来の慣習に従って漫然と保証を取り付けるのではなく、代理店等の債務者の信用力に応じて、個別に保証の要否や保証人としての適格性等を判断していくことが必要になると考えられます。

2）一問一答 135 頁～ 136 頁。

4 保証意思宣明公正証書の作成

1. 新民法の内容 【新設】

（公正証書の作成と保証の効力）
第465条の6
1　事業のために負担した貸金等債務を主たる債務とする保証契約又は主たる債務の範囲に事業のために負担する貸金等債務が含まれる根保証契約は、その契約の締結に先立ち、その締結の日前1箇月以内に作成された公正証書で保証人になろうとする者が保証債務を履行する意思を表示していなければ、その効力を生じない。
2・3　（略）

保証契約のうち、次の①または②に該当するものを個人が締結する場合、その意思表示は、保証契約締結の1か月前以内に作成された公正証書でなされる必要があります（新民法465条の6第1項）。

① 事業のために負担した貸金等債務を主たる債務とする保証契約
② 主たる債務の範囲に事業のために負担する貸金等債務が含まれる根保証契約

これらは、いずれも事業性の借入れが保証の範囲に含まれる場合を指します。事業性の借入れはその債務の額が多額に上ることが多いことから、通常の保証であれば書面による契約で足りるところ（新民法446条2項）、公正証書の作成というさらに慎重な意思決定を求めることとしています。

このような公正証書による意思表示に関しては、経営者保証の例外が定められており、次のいずれかに該当する者については、公正証書による意思表示が不要とされています（新民法465条の9）。

①　主たる債務者（法人）の理事、取締役、執行役またはこれらに準ずる者 ②　主たる債務者（法人）またはその親会社等の議決権の過半数を有する者 ③　主たる債務者（個人）と共同して事業を行う者、共同して事業に従事している配偶者

これらの者は、事業性の借入れの内容やそのリスクを十分把握していると考えられることから、公正証書を作成するまでの慎重さは不要であるとされました。

この点に関し、①における「これらに準ずる者」とは、各種の法人において、理事・取締役等と同様に、法律上正式に法人の重要な業務執行を決定する機関またはその構成員の地位にある者をいいます[3)]。また、③における「共同して事業を行う者」とは、組合契約等の事業を共同で行う契約が存在し、それぞれが事業の遂行に関与する権利を有するとともに、その事業によって生じた利益の分配がされるなど、事業の成功・失敗に直接的な利害関係を有する場合をいいます[4)]。

以上を前提に、公正証書作成の要否を判断することになりますが、実務においてその要否の判断が難しい場合には、効力要件としての性質上、債権者としては公正証書の作成を広く求めるという判断が無難であると思われます。

2. 保険実務における留意点

公正証書の作成は、事業のために負担した貸金等債務に関する保証に求められるものであるため、保険実務において対応が必要となる場合は限定的であると思われます。

「事業のために負担した貸金等債務」の該当性は、借主がその貸金等債務を負担した時点を基準時として、貸主と借主との間でその貸付け等の基礎とされ

3）一問一答 153 頁。
4）一問一答 154 頁。

た事情に基づいて客観的に決まります[5]。そのため、借主が、事業資金を使途とすると説明し、貸主がこれを前提に貸し付けた場合には、このような借入れは事業のために負担した貸金等債務に該当します。他方、借主が実際には事業に用いることを意図していても、その使途について、事業以外に用いると説明し、貸主においても事業資金でないと認識して貸し付けた場合、その借入れは事業のために負担した貸金等債務に該当しません。

なお、貸付け時においては事業のために負担した貸金等債務に該当しないと判断される貸付けがなされたにもかかわらず、後に事情が変わり、事業のために貸付金が用いられたとしても、事業のために負担した貸金等債務に該当することにはなりません[6]。

5）一問一答 147 頁。
6）一問一答 149 頁。

5　連帯保証人について生じた事由の効力

1．新民法の内容　【一部変更】

(連帯保証人について生じた事由の効力)
第458条
　第438条、第439条第1項、第440条及び第441条の規定は、主たる債務者と連帯して債務を負担する保証人について生じた事由について準用する。

2．履行の請求

新民法においては、連帯保証人に対して履行の請求をしても、主たる債務者との関係では効果を生じないこととなりました。したがって、連帯保証人に対して訴訟提起し、判決を得ても、債務者に対する時効の完成猶予または時効の更新は認められません。

この点、旧民法においては、旧民法458条が同434条を準用していたため、連帯保証人に履行の請求をすれば、主たる債務者に対しても効力を生じ、主たる債務の時効が中断されていました。これに対し、新民法においては、主たる債務者に対する債権の消滅時効が完成しないようにするためには、主たる債務者に対して、別途、時効の完成猶予事由または更新事由に該当する行為を行う必要があります。

なお、新民法のルールにおいても、当事者が別段の意思を示し、連帯保証人に生じた事由が主債務者に効力を生ずることに合意している場合は、その意思に従うことになります（新民法458条、441条ただし書）。そのため、連帯保証人に対する履行の請求の効力を債務者に及ぼしたい場合は、この点を約定しておくことが重要になります。

6 経過措置

保証については、施行日以後に締結された保証契約に新民法が適用されます。そのため、保証債務の発生が施行日以後であっても、保証契約の締結日が施行日前であれば、旧民法が適用されます（附則21条1項）。したがって、保証契約の締結日が施行日以後であるか否かによって、新民法の適用の有無を判断することになります。

この点に関連して、施行日前に保証契約が締結されたにもかかわらず、施行日後に原契約が更新された場合、原契約の更新時から保証契約にも新民法が適用されることになるのかが問題となります。後述するとおり、施行日後に原契約の更新がされた場合には、原契約については更新時から新法が適用されるのが原則ですが、あくまで保証に関する新民法の適用の有無は保証契約の締結時を基準に判断されることになるため、保証契約が原契約の更新を前提としている場合については、依然として旧民法が適用されることになると考えられます[7]。

なお、公正証書による保証の意思表示に関しては、保証契約締結の1か月前以内に公正証書が作成される必要があるため、施行日前にも公正証書を作成することができることとされています（附則21条2項および3項）。

7）一問一答384頁。

IX

各種の契約に関する改正

1　消費貸借

1．はじめに

保険会社は、運用のために事業会社への貸付けをしたり、約款に基づき保険契約者への貸付けをしたりする場合があるため、新民法における消費貸借に関するルールの内容を把握しておくことが重要です。

新民法においては、金銭の受取り前の諾成的消費貸借の有効性が明確に規定され、そのための要件や契約成立から借主による金銭等の受取りまでの間の事情の変化を考慮した規定も設けられました。また、その他にも、返還時期前の借主による金銭等の返還に関する定めや、従来からの実務の明文化もなされました。以下、金銭の消費貸借を前提に、その概要を説明します。

2．主な改正項目

(1)　諾成的消費貸借契約　【新設】

(i)　諾成的消費貸借契約の成立

旧民法では、消費貸借は、借主が金銭を受け取ることによってはじめて効力が生じる要物契約とされていました。しかし、判例[1]において、当事者の合意のみで成立する諾成的消費貸借も容認されていました。

新民法においては、要物契約としての消費貸借に加え、正面から諾成的消費貸借についての規定が設けられました（新民法587条の2）。

ただし、従来と異なり、安易な口約束等によって紛争が生じることを防止する等の観点から、書面または電磁的記録によって約束[2]をすることが必要と

1）最判昭和48年3月16日金法683号25頁。
2）正確には、金銭その他のものを貸す貸主の意思と借りる旨の借主の意思の両方が現れている必要があるとされています（一問一答293頁）。

されています[3]。この電磁的記録には電子メールも含まれます。

なお、実務上は、契約書を電子メールでやり取りし、内容を修正しながら合意をするプロセスをとることも多いと思われますが、その場合であっても、契約書において双方の押印によって契約が成立するとされている場合には、当事者の意思解釈として、押印された契約書が契約の成立に必要と考えられます。

(ii) 金銭受領前の解除

上記のとおり諾成的消費貸借が認められることで、契約が成立した後でも、金銭を受け取る前に借主において資金需要がなくなる場合が生じることが想定されます。この場合、借入れが強制されるのは不合理であるため、新民法においては、金銭を受け取る前であれば、借主は諾成的消費貸借を解除できるとされ、貸主は解除により損害を受けたときはその賠償を請求できるとされています（新民法587条の2第2項）。

ここで留意が必要なのは、たとえば、消費貸借契約において利息の支払いについて合意があったとしても、弁済期までの利息に相当する金額がそのまま貸主の損害とされるわけではないということです。損害の有無および金額については、明確な規定がなく、裁判例の集積を待つ必要がありますが、現状、損害として認められるのは、契約費用などの事務コスト、資金調達コストにとどまると考えられています。また、仮に貸主が貸し付けるはずであった資金を再運用できていた場合には、資金調達コストを損害と解することはできないと考えられています[4]。

なお、実務上のトラブルを回避する観点から契約書に合理的な額の損害賠償の予定を定めておくことも検討の余地があります。

3）なお、書面において、金銭の交付によって消費貸借の効力が生じる旨を定める要物的な消費貸借を行うことも可能です。

4）潮見ほか・詳解改正民法452頁。

(iii)　破産手続の開始決定

新民法においては、諾成的消費貸借に関して、借主が金銭を受け取る前に、当事者の一方が破産手続開始決定を受けたときは、諾成的消費貸借の効力はなくなるとされています（新民法587条の2第3項）。これは、旧民法589条で消費貸借の予約が、当事者の一方に破産手続開始された場合に、効力を失うとされていたのと同じ扱いを定めたものです。

(2)　**利息　【新設】**

新民法においては、消費貸借において、特約がなければ、利息を請求できないことが明記されました（新民法589条1項）。また、利息が生じるのは、実際に借主が金銭を受け取った以後であることも明記されました（同条2項）。

これらは旧民法における解釈を明文化したもので、実務に変更はありません。

(3)　**借主の繰り上げ返済　【明確化】**

旧民法においては、返還時期の定めがある場合に、当該時期前に返還ができるかということを直接的に定める規定はありませんでした。ただ、返還時期前であっても消費貸借の借主は、期限の利益を放棄して（民法136条2項本文）返還できると考えられていました。そこで、新民法では、借主は返還時期の定めの有無にかかわらずいつでも返還ができることが明確にされています（新民法591条2項）。

そして、借主が返還時期前に返還することで貸主が損害を受けたときは、貸主はその賠償を請求できるとされています（新民法591条3項）。ここで留意が必要なのは、必ずしも利息額に相当する金額をそのまま損害として請求できるわけではないということです。損害の有無および金額については、明確な規定がなく、裁判例の集積を待つ必要があります。現状、元本が返還されることで、返還時期までの間の金員の調達コストを免れたり、再運用ができ利益を得たりする場合には、利息相当額からこれらを控除した金額が損害になるという考え方[5]があり参考になります。

ただ、後日の争いを防止する観点から、合理的な内容で損害賠償の予定に関する定めを契約書に設けておくことも検討の余地があるでしょう。

3．経過措置

上記の新民法の規定は、新民法の施行前に締結がなされた消費貸借契約には適用されず、施行日以降に締結された消費貸借契約に適用されます（附則34条1項)。

5）潮見ほか・詳解改正民法453頁。

2 請負契約

1．はじめに

保険会社においても、自社ビルの建設やシステム構築等のために請負契約[6]を締結することがあるため、請負契約に関する新民法の内容を理解しておくことが重要です。請負契約における請負人の責任は、旧民法では、仕事の完成までは、債務不履行責任とされ、仕事の完成後は、債務不履行責任とは異なる瑕疵担保責任として整理され、しかも、当該瑕疵担保責任は、請負契約における特則として独自に定められていました。

新民法においては、代表的な有償契約[7]である売買契約に関して、売主は一般的に売買契約の内容に適合した目的物を引き渡す義務を負うことを前提とし、目的物が契約に適合しない場合には、債務が未履行であるという整理がなされました。そして、買主は、追完請求（新民法562条）、代金減額請求（新民法563条）債務不履行に基づく損害賠償請求（新民法564条、415条）、解除（新民法564条、541条、542条）といった、売主の担保責任の追及ができることとされています[8]。

そして、同じ有償契約である請負契約について、民法559条は上記の売買契約の売主の担保責任を準用しています。これに加えて、いくつか請負独自の規定もありますが、以下、それらの責任の概要およびその他の請負契約に関する新民法の内容について説明します。

6）準委任契約として締結される場合もあります。

7）互いに対価的意義を有する給付をする契約を指し、請負契約もこれに含まれます。

8）これらの権利行使についての優先順位については、特段の規定はありません。ただし、相互に矛盾する請求はできません。たとえば、修補を請求しつつ同額の損害賠償を請求することはできません。一方で、修補で補てんされない損害を請求することは可能です。

2．主な改正項目

(1) 追完請求 【一部変更】

旧民法においては、目的物について瑕疵がある場合の修補等による追完請求については、請負特有の定めが置かれていました（旧民法634条）。しかし、新民法においては、売主の担保責任についての追完請求が準用されることになり（民法559条、新民法562条）、旧規定は削除されました。新民法においては、目的物の契約不適合について、注文者は、自らの帰責事由がなければ追完請求ができます（新民法562条1項[9]および2項[10]）。追完の方法については、注文者に不相当な負担を課すものでない限り、請負人は、注文者の請求する方法と異なる方法での追完が可能です（新民法562条1項ただし書）。

なお、旧民法においては、瑕疵が重要でなく、かつ、修補に過分の費用を要する場合は、修補の請求ができないとされる一方、瑕疵が重要な場合は、過分の費用を要する場合でも請負人は修補義務を免れないとされていましたが（旧民法634条1項）、かかる規定は削除されました。

新民法においては、履行請求の限界に関する一般規定でその限界が判断されます。たとえば、過分の費用を要する場合は、「取引の社会通念に照らして不能」（新民法412条の2第1項）なものとして扱われ、追完請求はできないと考えられています[11]。

9）新民法562条1項本文は、「引き渡された目的物が種類、品質又は数量に関して契約の内容に適合しないものであるときは、買主は、売主に対し、目的物の修補、代替物の引渡し又は不足分の引渡しによる履行の追完を請求することができる」としています。

10）新民法562条2項は、「不適合が買主の責めに帰すべき事由によるものであるときは、買主は、同項の規定による履行の追完の請求をすることができない」としています。

11）一問一答341頁。また、履行不能による損害賠償請求によって、過大な費用相当額を損害として賠償請求をすることもできないとされています。

(2)　報酬請求　【一部変更】

(i)　注文者の報酬減額請求

旧民法においては、仮に請負の目的物に問題がある場合に、注文者からの報酬減額請求権を認める明文の規定はなく、請負人の報酬請求権と注文者の損害賠償請求権との相殺により実質的な減額がなされていました。

新民法においては、仕事の目的物に契約不適合がある場合は、売買契約の売主の担保責任についての代金減額請求の規定が準用され、注文者は一定の場合、報酬減額請求をすることができます（民法559条、新民法563条）。その中でも、催告が必要な場合と直ちに請求ができる場合があり、その概要は図表Ⅸ－1のとおりです。

なお、目的物の契約不適合が、注文者の帰責事由によるものであるときは、報酬減額請求はできません（新民法563条3項）。

▶図表Ⅸ－1　注文者の報酬減額請求

催告が必要な場合 （新民法563条1項）	相当の期間を定めて催告＋期間内に追完なし ⇒不適合の程度に応じて減額請求可
直ちに請求ができる場合 （新民法563条2項）	次のいずれか1つに該当する場合、不適合の割合に応じて減額請求可 ①　履行の追完が不能 ②　請負人が履行の追完を拒絶する意思を明確に表示 ③　契約の性質または当事者の意思表示により、特定の日時または一定の期間内に履行をしなければ契約目的不達成＋履行の追完ないまま当該時期経過 ④　注文者が催告をしても履行の追完を受ける見込みがないことが明らか

(ii) 未完成の場合の請負人の報酬請求

請負は仕事の完成を目的とするものですので、仕事が完成しない限り、報酬請求権は発生しないのが原則です。しかし、旧民法の下での判例[12]は、仕事の完成前に請負が解除された場合でも、注文者が利益を受ける場合には、請負人に注文者が受ける利益の割合に応じた報酬請求を認めていました。新民法では、この判例法理を明文化しました。

具体的には、注文者に帰責事由のない場合で仕事の完成ができない場合または仕事の完成前に請負が解除された場合には、すでにした仕事の結果のうち可分な部分の給付によって注文者が利益を受けるときに、利益を受ける割合に応じて報酬請求が可能とされています（新民法634条）。ここでの「可分」とは、物理的な可分ではなく、出来高を特定できるものであれば「可分」に該当します。

なお、仕事の完成ができなくなったことについて注文者に帰責事由のある場合には、請負人は報酬全額を請求できますが、自己の債務を免れたことによって利益を得たときは、これを償還する必要があります（新民法536条2項）。

(3) 損害賠償請求の整理 【一部変更】

旧民法では、請負に関する特則により、仕事の目的物に瑕疵があった場合、注文者は、瑕疵の修補に代えて、またはその修補とともに、損害賠償の請求ができるとされていました（旧民法634条2項）。

新民法においては、目的物に契約不適合があった場合には、債務が未履行と整理され、注文者は債務不履行の一般的な規定により（民法559条、新民法564条、415条）、修補に代えて、またはその修補とともに、損害賠償の請求ができます。

(4) 目的物が契約の目的に適合しない場合の解除 【一部変更】

旧民法では、仕事の目的物の瑕疵により目的を達成できないときには契約解

12）最判昭和56年2月17日判時966号61頁。

除ができるとされる一方、仕事の目的物が土地工作物である場合は解除できないとされていました（旧民法635条）。しかし、解除を制限し、契約の目的が達成できないような土地工作物を維持するのは不合理です。また、旧民法においても、判例[13]において、請負の目的物である建物に重大な瑕疵があり建て替えざるをえない場合には、注文者は請負人に対し、建替費用相当額の損害賠償を請求すること、すなわち、実質的に解除した場合と同様の経済的地位を注文者が得ることを許容していました。

そこで、新民法では、請負の対象が土地工作物か否かにかかわらず、目的物に契約不適合があれば、債務不履行による契約解除の一般的なルールに従い、解除を可能としています（民法559条、新民法564条、541条、542条）。

なお、解除には、催告による解除と無催告での解除があります。具体的には、前記Ⅵ1をご参照ください。

(5)　請負人の担保責任の制限　【一部変更】

新民法では、旧民法と同じく、契約の目的物の種類または品質[14]に契約不適合があった場合でも、それが注文者の提供した材料の性質または注文者の与えた指図によって生じている場合には、注文者は、上記の追完請求、報酬減額請求、損害賠償の請求および契約の解除はできないとされています。ただし、請負人がその材料または指図が不適当であることを知りながら告げなかったときはこれらの請求は可能とされています（新民法636条）。

また、権利行使期間について、注文者は、目的物の種類または品質に契約不適合を知った時から1年以内に請負人に通知しないと、注文者は、履行の追完請求、報酬減額請求、損害賠償請求および契約の解除をすることができないとされています（新民法637条1項）[15]。ただし、目的物の引渡し時点（引渡し

13）最判平成14年9月24日判時1801号77頁。

14）数量についての契約不適合についての担保責任については、当該制限の適用はありません。後述の権利行使の期間制限についても同様です。

15）なお、契約により権利行使期間の伸長は可能と解されています（一問一答346頁）。

が不要の場合は仕事の完成時）において、請負人が不適合について知っている、または重大な過失によって不適合を知らない場合には、当該行使期間の制限は適用されません（新民法637条2項）。この点について、旧民法では、土地工作物に関する権利行使期間について特別の規定がありましたが、新民法では、かかる規定は削除され、権利行使期間が統一されています。

なお、当事者間において、担保責任を負わない旨の特約をすることも可能です。しかし、請負人は、知りながら注文者に告げなかった事実がある場合には、これについて責任を免れることはできません（民法559条、新民法572条）。これは、新民法では削除された請負に関する旧民法640条の定めと同趣旨で、従来の実務を大きく変えるものではありません。

(6) 注文者の破産関係 【一部変更】

旧民法においては、注文者が破産手続開始の決定を受けたときは、請負人または破産管財人は契約の解除ができるとされており、新民法の下でも同様です（新民法642条1項本文）。しかし、仕事が完成した後には、請負人による新たな役務提供はなく、請負人における損害の拡大を防止する必要はないため、この場合には請負人による解除はできない旨が定められました（同条1項ただし書）。

3．経過措置

請負契約時点が、旧民法が適用されるか、新民法が適用されるかの判断の基準となっています。具体的には、新民法の施行前に締結された請負契約には、旧民法が適用されます（附則34条1項）。

3　賃貸借

1．はじめに

保険会社においても、自社ビルの第三者への賃貸、第三者から事業所として利用する物件の賃借をすること等が想定されます。また、第三者に賃貸している自社ビルについて、共有持分権や信託受益権を販売することもありえます。そのため、新民法において賃貸借に関するルールがどのように変更されたかを理解しておくことが重要です。

新民法における賃貸借に関する改正項目は多岐にわたるため、以下では、その概要を理解いただきやすいよう、主な改正項目を表にまとめました。その中で、特に実務への影響が大きいと考えられる改正項目に絞って説明をします。

なお、賃貸借を理解するには、新民法だけでなく、借地借家法の理解が必要ですが、紙面の関係上、借地借家法の詳細な説明は割愛します。

2．主な改正項目

賃貸借に関する改正の概要は、後記図表Ⅸ－2記載のとおりです。◎がついている項目は、今回の改正の中でも、特に実務への影響が大きいと考えられる項目です。○は◎に加えて、従来の実務を変更する改正項目を指します。以下では、そのうち、特に実務への影響が大きいと考えられる項目と、新民法がいつから適用されるかを示す経過措置に絞って解説します。

(1)　賃貸借の存続期間の伸長　【変更】

旧民法では、借地借家法等の特別法の適用のない賃貸借の存続期間は上限20年（旧民法604条）とされていました。しかし、借地借家法の適用のない用地の使用、たとえば、太陽電池パネルを設置して利用するための休眠地の賃貸借、ゴルフ場の用地のための賃貸借、大型プラントのリース契約等の場合には、長期間の賃貸借をする必要があり、賃貸借の存続期間の上限が20年では不都合が生じる場合がありました。

そこで、新民法では、賃貸借の存続期間は上限50年に伸長されました（新民法604条）。

(2) 賃貸不動産の譲渡の際の賃貸人の地位 【一部変更】

旧民法では、判例上、対抗要件を備えた賃貸借がある不動産を譲渡する場合、特段の事情のない限り賃貸人たる地位は当然に譲受人に移転するとされており[16]、かつ、譲渡人（賃貸人）と譲受人において譲渡人に賃貸人たる地位を留保する合意は、当該特段の事情に該当しないとされていたことから[17]、不動産の所有者が当該不動産を第三者に賃貸しており、当該不動産の譲渡後も賃貸人としての地位を保持するためには、賃借人から個別の同意を取得する必要がありました。

また、保有する賃貸不動産について、信託的に譲渡したり、小口化商品として投資家に販売したりする場合、当該不動産の譲受人としては、煩わしい不動産管理を避ける観点から、譲渡人に賃貸人たる地位を保有させたままとしたい場合があります。前述のとおり、旧民法の下では、不動産の譲渡人に賃貸人たる地位を残すためには、賃借人からの個別同意が必要であったところ、賃借人が多数に上る場合には、全員から個別同意を取得するには相応の労力が必要となっていました。

新民法においては、対抗要件を備えた賃借権がある不動産譲渡の際の賃貸人の地位の留保について、少ない労力で、賃貸人たる地位を譲渡人に留保できるようになりました。具体的には、譲渡人と譲受人が、①賃貸人たる地位を譲渡人に留保する旨の合意をし、かつ、②譲受人が譲渡人に対して賃貸する合意をすることで、賃貸人の地位を譲渡人に留保できることになりました（新民法605条の2第2項前段）。

16）最判昭和39年8月28日民集18巻7号1354頁。

17）最判平成11年3月25日判時1674号61頁。

なお、賃借人保護の観点、すなわち、譲渡人が事後的に不動産について使用等の権限を失い賃貸できなくなり、賃借人の地位が不安定になることを防止する観点から、譲渡人と譲受人間の賃貸借契約が終了した場合は、譲受人に対して賃貸人たる地位は移転するとされています（新民法605条の2第2項後段）。

⑶　賃借人による修繕　【一部変更】

旧民法では、賃借人がどのような要件で自ら修繕ができるかについて規定がありませんでした。賃借人として修繕を逡巡する中で、賃貸人が速やかに修繕対応をしてくれない場合には、賃借物の使用に支障が生じることから、どのような場合に賃借人が自ら修繕できるかを明確化することが望まれていました。

新民法においては、①賃借人から賃貸人に対して修繕が必要である旨の通知をし、または賃貸人がその旨を知ったにもかかわらず、相当の期間内に賃貸人が修繕しない場合、または②急迫の事情がある場合は、賃借人が賃借物を修繕できることとされました（新民法607条の2）。なお、賃貸人に修繕義務がある場合（新民法606条[18]）において、上記の要件を満たして賃借人が修繕をした場合は、賃借人は賃貸人に対して必要費として償還請求ができます（民法608条1項）。

⑷　賃借人の債務の連帯保証

前記Ⅷで述べたとおり、新民法では、個人根保証契約を締結する場合には、書面または電磁的記録で極度額（簡単にいえば保証金額の上限）を定めることが必要となりました。根保証契約とは、一定の範囲に属する不特定の債務を主たる債務とする保証契約を指します。たとえば、保険会社が、賃貸人となり、保有する不動産を賃貸する場合に、賃借人の債務、具体的には、賃料債務や賃借人の原状回復義務に基づく債務その他一定の範囲に属する不特定の債務を主債

18）1項では、「賃貸人は、賃貸物の使用及び収益に必要な修繕をする義務を負う」とされ、ただし書で、「賃借人の責めに帰すべき事由によってその修繕が必要となったときは、この限りでない」とされています。

務とする保証人や連帯保証人を求める場合がこれに該当します。このような保証人に個人がなる場合、新民法では、極度額[19]を書面または電磁的記録で定めなければ、当該個人根保証契約は無効となるとされています（新民法465条の2第1項および2項）。そして、極度額を定めない無効な根保証契約に基づき保証債務を履行した場合、保証人は、債権者に対して、不当利得としてその返還を求めることができます。このように、新民法においては、保険会社が賃貸人となり、個人の（連帯）保証人を求める場合には、契約書において極度額を定めることを忘れないようにする必要があります。

なお、ほかにも、前記Ⅷに記載のとおり、債権者（賃貸人）は、保証人に対して、①保証人が個人か否かにかかわらず債務の履行状況に関する情報の提供義務（新民法458条の2)、および②保証人が個人の場合には主たる債務者による期限の利益喪失に関する情報提供義務を負います（新民法458条の3)。

これに加えて、債務者（賃借人）は、個人の保証人に対して、事業のために負担する債務を主たる債務とする保証または主たる債務の範囲に事業のために負担する債務が含まれる根保証の委託をするときは、③債務者の財産等に関する情報の提供義務を負います（新民法465条の10)。

3．経過措置

原則として、新民法の施行日前に締結された賃貸借契約[20]には旧民法が適用され、施行日以降に締結された賃貸借契約には新民法が適用されます（附則

19）極度額は、保証契約の締結時点で確定的な金額を定めておく必要があります（一問一答135頁)。

20）施行日前の賃貸借契約について、施行日以降に更新がなされる場合について、当事者の合意に基づいて更新される場合や、法律の規定に基づく更新の場合でも当事者の黙示の合意を根拠とするものは、新民法が適用されると考えられています。一方、当事者の意思に基づかない借地借家法26条の法定更新の場合は、更新後も旧民法が適用されると考えられています（一問一答383頁)。なお、保証契約については、賃貸借契約が合意更新されただけでは、新民法の適用とならないことにも留意が必要です（一問一答384頁)。

34条1項）。

ただし、存続期間を50年とする新民法604条2項は、施行日以後の契約更新に係る合意がなされるときにも適用されます（附則34条2項）。

なお、対抗力を有する賃貸人の妨害排除等請求（図表Ⅸ－2参照）についての新民法605条の4は、施行日以降にその不動産の占有を第三者が妨害し、またはその不動産を第三者が占有しているときに適用されます（附則34条3項）。

▶図表Ⅸ－2　主な改正項目

（◎：特に実務への影響が大きい改正点　○：その他の実務を変更する改正点）

改正項目	新民法の概要	旧民法との関係等
目的物返還債務の明示	賃貸借契約の成立には、当事者の一方が相手方当事者に物の使用収益をさせる旨の約束と、相手方当事者による賃料支払いの約束に加え、引渡しを受けた物の契約終了時の返還の約束が必要（新民法601条）	条文に記載されていなかった目的物返還義務を明確化したもの
○短期賃貸借	「処分につき行為能力の制限を受けた者」が短期賃貸借できる旨の規定を削除（新民法602条） 条文の定める期間より長い賃貸借をした場合には、超える部分のみが無効になる旨の明示（新民法602条）	旧民法における条文を削除 従来の一般的理解を明文化
◎存続期間の上限	借地借家法等の特別法の適用のない賃貸借は50年（新民法604条）	借地借家法等の特別法の適用のない賃貸借は20年（旧民法604条）とされていたものを変更
不動産賃貸借の対抗力	不動産の賃貸借を登記したときは、その不動産について物権を取得した者その他の第三者に対抗することができることを明示（新民法605条）	旧民法の「その後その不動産について物権を取得した者に対しても、その効力を生ずる」との文言を従来の実務にあわせて修正

賃借権の対抗要件を備えた賃貸不動産の譲渡（賃貸人たる地位の移転）	対抗要件を備えた賃貸不動産の譲渡では、原則として賃貸人たる地位は譲受人に移転（新民法605条の2第1項）	判例の立場を踏襲。実務変更なし
◎同上（不動産譲渡の際の賃貸人の地位の留保）	譲渡人と譲受人が、①賃貸人たる地位を譲渡人に留保する旨の合意、かつ、②譲受人が譲渡人に対し賃貸する合意をした場合は、賃貸人の地位は留保（新民法605条の2第2項前段）。 譲渡人と譲受人間の賃貸借契約が終了した場合は、譲受人へ賃貸人たる地位は移転（新民法605条の2第2項後段）。	判例上、賃貸人たる地位は当然移転とされており、資産の流動化等の場合、譲渡人のもとに賃貸人たる地位を残すため個別に賃借人からの同意が必要であった。少ない労力で、賃貸人たる地位を譲渡人に留保できるように変更
同上（賃貸人たる地位の対抗）	譲受人が、賃貸人たる地位を対抗するには不動産について所有権移転登記が必要（新民法605条の2第3項） 敷金返還、費用償還債務も譲受人に承継される（新民法605条の2第4項）	判例の明文化。実務変更なし 従来の実務を明文化。実務変更なし
賃借権の対抗要件を備えない賃貸不動産の譲渡	賃貸不動産が譲渡された場合、賃貸不動産の譲渡人と譲受人の合意で、賃借人の承諾を要せず賃貸人たる地位の移転ができる（新民法605条の3前段） 不動産の所有権移転登記が賃借人への対抗のために必要（新民法605条の3後段、605条の2第3項） 賃貸人たる地位の移転にともない敷金返還および費用償還債務も承継（新民	判例の立場を踏襲。実務変更なし 賃貸借の対抗要件を備えた賃貸不動産の譲渡と同様の処理 同上

改正項目	新民法の概要	旧民法との関係等
	法605条の3後段、605条の2第4項)	
賃借権に基づく妨害排除請求権等	不動産の賃借権が対抗要件を備えている場合、賃借人は第三者に対して妨害排除請求権等を行使できる（新民法605条の4)	判例の明文化。実務変更なし
○賃貸人が修繕義務を負わない場合	賃借人の責めに帰すべき事由によって修繕が必要になった場合、賃貸人は修繕義務なし(新民法606条1項ただし書)	旧民法下での解釈の統一のため新設
◎賃借人による修繕	①賃借人から通知し、相当の期間内に賃貸人が修繕しない場合等、または②急迫の事情がある場合、賃借人が賃借物を修繕できる（新民法607条の2)	賃借人がどのような要件で修繕ができるかについて規定がなかった
○一部滅失等の場合の賃料の減額	賃借物について、一部滅失のみならず「その他の事由により使用及び収益をすることができなくなった場合」には、賃料は当然に減額される（新民法611条1項)	減額される場合が拡大し、かつ、賃料は当然減額となった
○滅失の場合の契約終了・解除	一部滅失：賃借人の帰責事由があっても、賃借物の一部滅失等により、賃貸借契約の目的が達成できない場合は解除が可能[21]（新民法611条2項) 全部滅失：賃借物が全部滅失その他の事由により使用収益不可となった場合、賃貸借は当然に終了(新民法616条の2)	賃借人の過失によって一部滅失が生じた場合は、目的不達成でも解除ができないとされていた 判例の明文化。実務変更なし
原状回復義務	賃借物を受け取った後に生じた損傷（通常の使用および収益によって生じた賃借物の損耗ならびに賃借物の経年変化を除く）がある場合、賃貸借が終了し	通常損耗および経年劣化が原状回復義務に入らないとする旧民法における判例等を明文化。実務変更なし

21）ただし、賃借人に帰責事由があれば損害賠償請求はできます（新民法415条)。

	たときに、賃借人はその損傷を原状に復する義務を負う（新民法621条） 損傷が賃借人の責めに帰することができない事由によるものであるときは原状回復義務なし(新民法621条ただし書)	
○収去義務	借主は、賃借物を受け取った後に附属させた物（付属物）を、賃貸借が終了したとき、収去する義務を負う[22]（新民法622条、599条1項） 付属物が、分離できない場合または分離に過分の費用を要する場合は、収去義務はない[23]（新民法622条、599条1項ただし書）	収去義務そのものについては、旧民法における一般的理解を明文化。ただし、旧民法242条の付合が生じる場合（すなわち付属物が賃貸人の所有になる場合）であっても、新民法では、賃貸人に収去義務が生じる[24]
○用法違反に基づく損害賠償請求権の消滅時効の完成猶予	賃借人の用法違反による賃貸人の損害賠償請求権は、物の返還を受けた時から1年を経過するまでは消滅時効完成せず（新民法622条、600条2項）	使用貸借における新設条文を準用
転貸借	適法な転貸借において、転借人は、原賃貸借に基づく賃借人の債務の範囲を限度として債務を直接履行する義務を負う（新民法613条1項） 適法な転貸借において、賃貸人は、原	旧民法下での取扱いを明文化。実務変更なし

22）第三者が付属した物の収去義務については定めておらず解釈に委ねられています（一問一答326頁）。

23）賃貸人が収去を請求できない場合でも、賃借人に（分離不能について）帰責事由がありかつ付属物により賃借物の価値が低下した場合には、賃借人に対して損害賠償請求をすることができます。

24）一問一答308頁・326頁。

改正項目	新民法の概要	旧民法との関係等
	賃貸借を合意により解除したことを転借人に対抗できない（新民法613条3項）	
敷金の定義	「いかなる名目によるかを問わず、賃料債務その他の賃貸借に基づいて生ずる賃借人の賃貸人に対する金銭の給付を目的とする債務を担保する目的で、賃借人が賃貸人に交付する金銭」との定義を新設（新民法622条の2第1項）	旧民法に明文の規定なし 判例ルールを明文化。実務変更なし
敷金の返還債務の発生	①賃貸借が終了し、かつ、賃貸物の返還を受けたとき、または②賃借人が適法に賃借権を譲り渡したときには、返還債務が発生する（新民法622条の2第1項）	旧民法に明文の規定なし 判例ルールを明文化。実務変更なし
敷金の返還金額	受け取った敷金の額から賃貸借に基づいて生じた賃借人の賃貸人に対する金銭の給付を目的とする債務の額を控除した残額（新民法622条の2第1項）	旧民法に明文の規定なし 判例ルールを明文化。実務変更なし
敷金の充当	敷金返還債務が発生する前に、すでに生じている賃借人の債務に敷金を充当できる[25)]かにつき、賃貸人は充当できるが、賃借人は充当するように請求できない（新民法622条の2第2項）	旧民法に明文の規定なし 判例ルールを明文化。実務変更なし

25）敷金が賃借人の未払債務に充てられた場合には、当然に追加で敷金を預託できるよう請求できる権利が賃貸人に生じるわけではありません。契約においては、追加預託に関する規定を置いておくことも検討の余地があるでしょう。

X

相続法に関する改正の概要

1 はじめに

平成30年7月6日、民法および家事事件手続法の一部を改正する法律が成立し、同月13日に公布されました[1]。

民法のうち相続法の分野は、昭和55年に配偶者の法定相続分の引上げや、寄与分制度の新設等がなされて以降、約40年の間、大幅な改正はなされていませんでした。その間、社会の高齢化が進み、相続開始時における配偶者の年齢も相対的に高齢化したことにより、その保護の必要性が高まっていました（平成25年改正（平成25年法律第94号）において旧民法900条4号ただし書前段部分（嫡出でない子の相続分は、嫡出である子の2分の1とする旨の規定）を削除する改正がなされたことを契機として、相続法の改正が課題として浮上していました）。

今回の相続法の改正は、このような社会経済情勢の変化に対応するものであり、改正項目としては、以下の6項目が挙げられます。

①　配偶者の居住権を保護するための方策（配偶者の居住の権利）
②　遺産分割に関する見直し
③　遺言制度に関する見直し
④　遺留分制度の見直し
⑤　相続の効力等に関する見直し
⑥　相続人以外の者の貢献を考慮するための方策（特別の寄与）

たとえば、①配偶者の居住権を保護するための方策に関する改正では、残された配偶者の生活に配慮する等の観点から、配偶者の居住権が新設されています。今後、配偶者居住権を有する配偶者からその居住建物について損害保険の付保の申し出があることが予想されますが、この場合に、保険会社がこれに応じることができるかという新たな問題が生じることになります。この点につい

1）施行日は、自筆証書遺言の方式緩和については平成31年1月13日、配偶者の居住の権利については2020（令和2）年4月1日とされており、その他の原則的な施行日は2019（令和元）年7月1日とされています。

ては、損害保険契約では被保険利益があることが必要であるため、保険会社としては、配偶者居住権の法的性質が賃借権類似の法定債権であると解されていることや、配偶者居住権に関する配偶者と建物所有者の間の権利義務関係などを勘案して、配偶者に被保険利益があるか否かを検討する必要があると考えられます。

また、③遺言制度に関する見直しに関する改正では、遺言の利用を促進し、相続をめぐる紛争を防止する等の観点から、自筆証書遺言の方式が緩和され、自筆証書遺言に添付する目録については自書を要しないとされています。自筆証書遺言の方式緩和に関する改正は、平成31年1月13日に施行されており、同日以後に作成された遺言については、目録の自書を要しないため、保険会社としては、保険契約者の相続人や保険金受取人等の関係者から自筆証書遺言の提示を受けた場合、当該遺言の作成日に着目し、遺言の有効性を確認する必要があります。

このほかにも改正項目は多岐にわたりますが、本書においては、上記各項目のうち保険実務において押さえておくべき項目を紹介するにとどめます。

2 配偶者の居住権を保護するための方策

1．配偶者居住権（長期居住権）

配偶者の居住権を長期的に保護するための配偶者居住権（長期居住権）が新設されました（新民法1028条）。これは、被相続人が死亡した場合に、被相続人の配偶者（以下「生存配偶者」といいます）が終身または一定期間、従前から居住していた建物に無償で住み続けることができる権利を認めるものです。

新民法1028条によれば、生存配偶者は、相続開始時において被相続人所有であった建物に居住していた場合、①遺産分割により配偶者居住権を取得するとされたとき、または②配偶者居住権が遺贈の目的とされたときに、その居住建物の全部につき無償で使用収益する権利（配偶者居住権）を取得することができます。また、一定の要件[2)]を満たす場合には、家庭裁判所の審判によっても、配偶者居住権が認められます（新民法1029条）。

配偶者居住権は、賃借権類似の法定の債権であると解されており、不動産賃借権の対抗要件に関する規定（新民法605条）などの賃借権に関する規定や使用貸借に関する規定が準用されています。

2．配偶者短期居住権

生存配偶者が、被相続人の財産に属する建物に相続開始の時に無償で居住していた場合には、次の①および②の期間、その居住建物の所有権を相続または遺贈により取得した者に対し、居住建物について無償で使用する権利（「配偶者短期居住権」）を有することとされました（新民法1037条1項）。

2）①共同相続人間で配偶者居住権の合意があるとき、または②①以外の場合で、生存配偶者が配偶者居住権の受ける不利益の程度を考慮してもなお生存配偶者の生活を維持するために、特に必要があると認めるとき、と定められています（新民法1029条）。

① 居住建物について、生存配偶者を含む共同相続人間で遺産分割をする場合、遺産分割により居住建物の帰属が確定した日、または相続開始の時から6か月を経過した日のいずれか遅い日までの期間
② ①以外の場合、居住建物所有者は、いつでも配偶者短期居住権の消滅の申入れをすることができるが、この申入れの日から6か月を経過した日までの期間

配偶者短期居住権は、最高裁平成8年12月17日判決[3)]の考え方を基礎とするものであるため、居住建物について遺産分割が行われる場合には、実務的には大きな問題は生じません。もっとも、配偶者短期居住権については、譲渡が禁止されていることや、具体的相続分に含まれないこと、必要費・有益費等の費用償還請求の期間制限等の事項が法定されたことに留意が必要です。

3）最判平成8年12月17日民集50巻10号2778頁。

3　遺産分割に関する見直し

1．配偶者の保護（持戻し免除の推定規定）

新民法においては、婚姻期間が20年以上の夫婦の一方である被相続人が、他の一方に対し、その居住用不動産を遺贈または贈与した場合には、「持戻し免除の意思表示」があったものと推定されることになりました（新民法903条4項）。上記推定規定の要件は、以下の3点とされています。

①　婚姻期間が20年以上の夫婦による贈与等であること
②　贈与等の対象物は居住用不動産（土地・建物）であること[4)]
③　遺贈または贈与によること

2．遺産分割前に遺産に属する財産を処分した場合の遺産の範囲

共同相続人の1人または数人が、遺産に属する財産を処分してしまった場合、共同相続人全員の合意をもって、処分された財産が遺産として存在するものと「みなして」遺産分割を行うことができ、処分した当該共同相続人の同意を要しないとされました（新民法906条の2第2項）。

相続発生後、遺産分割未了の間に、共同相続人の一部により遺産の処分がなされた場合には、従来から、その者に対する不当利得ないし不法行為による解決は可能でしたが、遺産分割の手続において調整する方法はありませんでした。

新民法においては、従来の訴訟手続による解決に加えて、家庭裁判所における遺産分割手続を柔軟に活用することも可能となりましたので、個別事案に応じて、適切な法的手段を使い分けていくことが必要になります。

4）居住兼店舗の場合は、当該不動産の構造や形態、被相続人の遺言の趣旨等により、事案ごとに判断していくことになるとされています。

4 遺言制度に関する見直し

1．自筆証書遺言の方式緩和

旧民法においては、遺言者が自ら遺言を作成する場合、要式性と自署性を厳格に要求していましたが、新民法においては、自筆証書遺言における厳格な方式が緩和されることになりました。

新民法968条2項は、自筆証書遺言をする場合において、遺言事項と添付書類である財産目録に区別したうえで、前者については、旧民法と同様に自署性を要求していますが、後者については、自署性を要求しないこととしており、ワープロ書きでも有効に成立することになりました。財産目録が複数に及ぶ場合は、財産目録の各頁に遺言者の署名および押印を要求し、特に自署によらない記載が両面に及ぶ場合については、その両面に遺言者の署名および押印を要求しています。

また、財産目録の加除その他の変更をなす場合には、遺言者が、その場所を指示し、これを変更した旨を付記して特にこれに署名し、かつ、その変更の場所に押印する必要があります（新民法968条3項）。これは、ワープロ書きが可能な部分についても、所定の要件の下、加除その他の変更が可能であることを注意的に規定したものです。

今回の改正は、以上のような方式緩和により、自筆証書遺言の利用促進を図る狙いがあります。ご参考までに、法制審議会民法部会で参照された自筆証書遺言の加除訂正例[5)]を紹介します（図表X－1（次頁以降））。

5）法制審議会民法（相続関係）部会第23回会議（平成29年7月18日）開催の部会資料23－2参考資料。

▶図表X－1　自筆証書遺言の加除訂正例

民法（相続関係）部会	参考資料

参考資料：財産の特定に必要な事項について自書によらない加除訂正を認める場合の例

遺　言　書

第一条　私は，私の所有する~~別紙記載の土地~~を，長男法務一郎（昭和三十年一月一日生）に相続させる。

第二条　私は，私の名義の全ての預貯金を，次男法務次郎（昭和三十三年六月一日生）に相続させる。

第三条　私は，この遺言の遺言執行者として，次の者を指定する。
住　　所　　東京都千代田区九段南一丁目一番十五号
職　　業　　弁護士
氏　　名　　東京　花子
生年月日　　昭和五十年八月一日

平成二十九年七月十八日
住所　東京都千代田区霞が関1丁目1番1号
法　務　五　郎　㊞

上記本文中の「別紙記載の土地」を「別紙二記載の建物」と改める。
法　務　五　郎

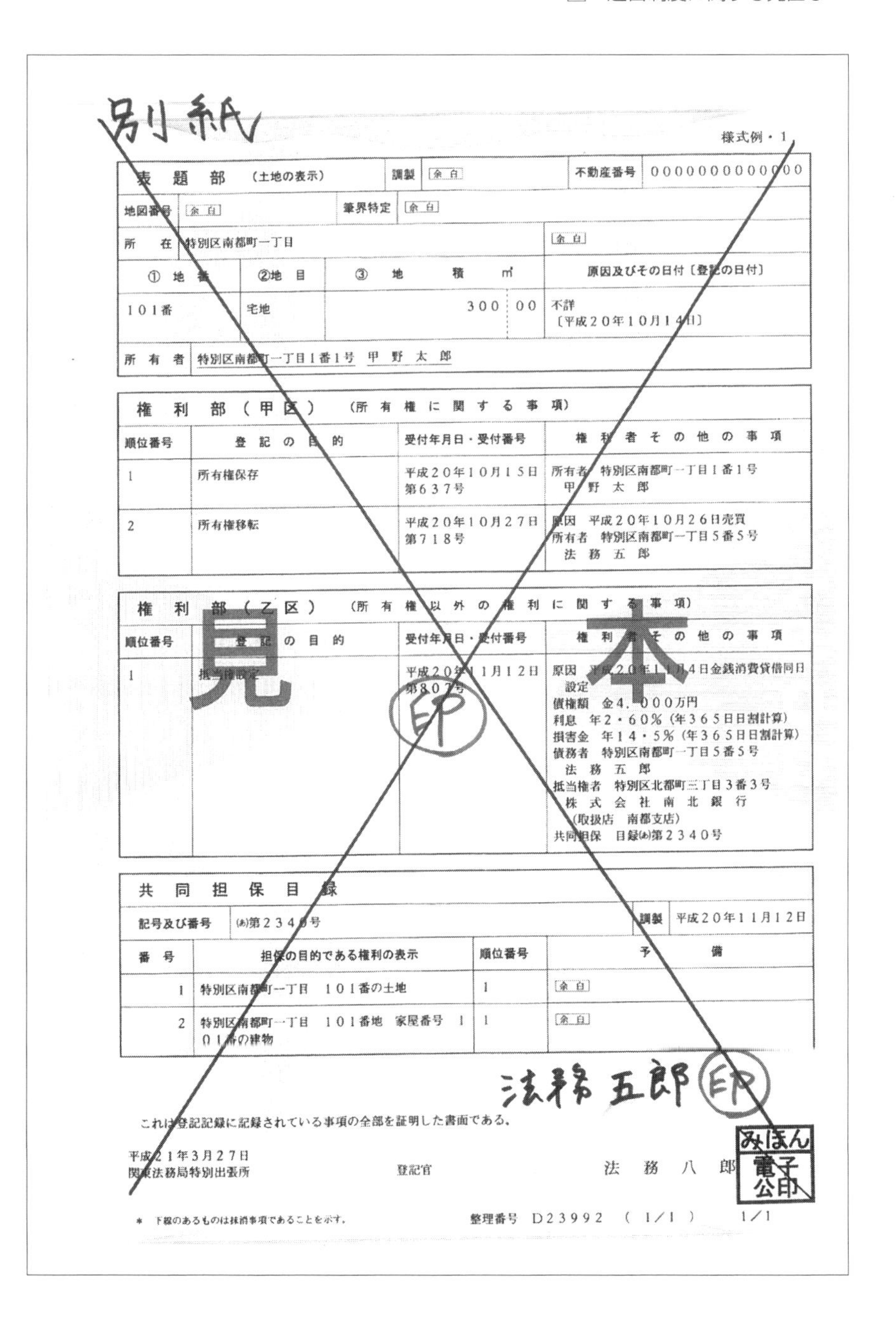
別紙

様式例・1

表題部（土地の表示）		調製	余白	不動産番号	0000000000000
地図番号	余白	筆界特定	余白		
所在	特別区南都町一丁目			余白	
①地番	②地目	③地積 ㎡		原因及びその日付〔登記の日付〕	
101番	宅地	300 00		不詳 〔平成20年10月14日〕	
所有者	特別区南都町一丁目1番1号 甲野太郎				

権利部（甲区）（所有権に関する事項）			
順位番号	登記の目的	受付年月日・受付番号	権利者その他の事項
1	所有権保存	平成20年10月15日 第637号	所有者 特別区南都町一丁目1番1号 甲野太郎
2	所有権移転	平成20年10月27日 第718号	原因 平成20年10月26日売買 所有者 特別区南都町一丁目5番5号 法務五郎

見本

権利部（乙区）（所有権以外の権利に関する事項）			
順位番号	登記の目的	受付年月日・受付番号	権利者その他の事項
1	抵当権設定	平成20年11月12日 第807号	原因 平成20年11月4日金銭消費貸借同日設定 債権額 金4,000万円 利息 年2・60％（年365日日割計算） 損害金 年14・5％（年365日日割計算） 債務者 特別区南都町一丁目5番5号 法務五郎 抵当権者 特別区北都町三丁目3番3号 株式会社南北銀行 （取扱店 南都支店） 共同担保 目録(あ)第2340号

共同担保目録			
記号及び番号	(あ)第2340号	調製	平成20年11月12日
番号	担保の目的である権利の表示	順位番号	予備
1	特別区南都町一丁目 101番の土地	1	余白
2	特別区南都町一丁目 101番地 家屋番号 101番の建物	1	余白

法務五郎 印

これは登記記録に記録されている事項の全部を証明した書面である。

平成21年3月27日
関東法務局特別出張所　　登記官　　法務八郎　電子公印

みほん

＊ 下線のあるものは抹消事項であることを示す。　　整理番号 D23992（1/1） 1/1

別紙二

様式例・2

表題部（主である建物の表示）			調製	余白		不動産番号	0000000000000
所在図番号	余白						
所在	特別区南都町一丁目　101番地					余白	
家屋番号	101番					余白	
①種類	②構造		③床面積 ㎡			原因及びその日付〔登記の日付〕	
居宅	木造かわらぶき2階建		1階　80:00 2階　70:00			平成20年11月1日新築 〔平成20年11月12日〕	

表題部（附属建物の表示）				
符号	①種類	②構造	③床面積 ㎡	原因及びその日付〔登記の日付〕
1	物置	木造かわらぶき平家建	30:00	〔平成20年11月12日〕
所有者	特別区南都町一丁目5番5号　法務五郎			

権利部（甲区）（所有権に関する事項）			
順位番号	登記の目的	受付年月日・受付番号	権利者その他の事項
1	所有権保存	平成20年11月12日 第806号	所有者　特別区南都町一丁目5番5号 法務五郎

見本

権利部（乙区）（所有権以外の権利に関する事項）			
順位番号	登記の目的	受付年月日・受付番号	権利者その他の事項
1	抵当権設定	平成20年11月12日 第807号	原因　平成20年11月4日金銭消費貸借同日設定 債権額　金4，000万円 利息　年2・60％（年365日日割計算） 損害金　年14・5％（年365日日割計算） 債務者　特別区南都町一丁目5番5号 法務五郎 抵当権者　特別区北都町三丁目3番3号 株式会社南北銀行 （取扱店　南都支店） 共同担保　目録(あ)第2340号

共同担保目録			
記号及び番号	(あ)第2340号	調製	平成20年11月12日
番号	担保の目的である権利の表示	順位番号	予備
1	特別区南都町一丁目　101番の土地	1	余白
2	特別区南都町一丁目　101番地　家屋番号　101番の建物	1	余白

法務五郎 印

＊　下線のあるものは抹消事項であることを示す。　整理番号　D23990　（2/2）　1/2

２．遺言執行者の権限明確化

遺言執行者の法的地位を明確にする観点から、遺言執行者は、遺言の内容を実現することを職務とするものであり、必ずしも相続人の利益のために職務を行うものではないことが明らかにされました（新民法1012条1項）。遺留分侵害額の請求がなされた場合等、遺言者の意思と相続人の利益が対立する場面においても、遺言執行者は、あくまでも遺言者の意思に従って職務を行えばよいことになります。

また、遺贈における受遺者において、遺贈の履行請求の相手方が遺言執行者であることが明確にされました（新民法1012条2項）。

5 遺留分制度に関する見直し

1．遺留分減殺請求権の効力および法的性質の見直し

新民法においては、遺留分権利者は、遺留分の権利を行使することにより、受遺者等に対し、遺留分侵害額に相当する金銭の支払いを請求できるものとされました（新民法1046条1項）。これは、遺留分減殺請求権の行使によって当然に物権的効果が生じることの不都合を解消するための改正です（これに伴い、従前の「遺留分減殺請求権」という用語も、「遺留分侵害額請求権」に変更されます）。

2．遺留分の算定方法の見直し

遺留分の算定の基礎となる財産に含めるべき生前贈与の範囲に関するルールが設けられました（新民法1044条）。まず、相続人以外になされた贈与は、相続開始前の1年間にしたものに限り、遺留分算定の基礎となる財産の価額に算入するものとされ（同条1項）、相続人に対する贈与は、相続開始前の10年間にされたものに限り、遺留分算定の基礎となる財産の価額に算入するものとされました（同条3項）。

従来の判例および実務の考え方では、相続人に対して生前贈与がされた場合には、その時期を問わずに遺留分を算定するための財産の価額に算入されていました。しかし、第三者である受遺者等は、相続人に対する古い贈与の存在を知りえないのが通常であるため、受遺者等に不測の損害を与える事態を是正するために、今回の改正がなされました。

6 相続の効力等に関する見直し

1．共同相続における権利承継の対抗要件

相続人が遺言（相続分の指定、遺贈、遺産分割方法の指定）や遺産分割により権利を承継した場合、その相続人は、法定相続分を超える部分について、登記その他の対抗要件を備えなければ第三者に対抗することができないとされました（新民法899条の2第1項）。

したがって、これまでの判例において、対抗要件なく第三者に対抗できるとされていた相続分の指定がある場合や、相続させる旨の遺言がなされた場合にも、第三者との関係では対抗要件を備える必要があります。

2．遺言執行者の行為の効果

遺言執行者の法的地位に照らして、誤解が生じないようにするために、遺言執行者の行為の効果は相続人に帰属することが明文化されました（新民法1015条）。遺言執行者の行為の法的効果が相続人に帰属するためには、遺言執行者であることを示す必要があります。

7 相続人以外の者の貢献を考慮するための方策

相続人以外の親族（6親等内の血族、配偶者、および3親等内の姻族（民法725条））でも、被相続人への貢献内容次第で「特別の寄与」として遺産分割の対象者となりうることになりました（新民法1050条）。この規定は、相続人の妻が被相続人の療養看護に努めた場合等を想定し、それらの者の貢献に配慮するための制度です。

この規定の適用が認められる特別寄与者は、寄与に応じた額（特別寄与料）の金銭の支払いを相続人に対して請求することができ（新民法1050条1項）、当事者間での協議が整わない場合には、家庭裁判所に対して協議に代わる処分を求めることができます（同条2項）。特別寄与料の額は、被相続人が相続開始時に有した財産の価額から遺贈の価額を控除した残額の範囲内においてのみ認められます（同条4項）。

従来は、相続人の妻が被相続人の療養看護に努めていた場合でも、寄与分制度の対象とはならず、何らかの権利主張をすることは困難でしたが、本制度の創設により、それらの者の貢献が考慮されることになったため、実務への影響は大きいといえます。

XI

新民法の施行に向けた準備

1　新民法の施行日と経過措置

新民法の施行日は、2020（令和2）年4月1日と定められています。そのため、各保険会社や共済団体においては、施行日が到来するまでの間に、新民法に対応した実務を行うための準備が必要です。

ただ、注意が必要なのは、施行日以降に締結された契約だけが新民法の適用対象となるわけではなく、新民法の規定の中には、施行日前に締結された契約にも適用される規定がある点です。したがって、新民法の適用対象を正しく理解するためには、新民法の附則に規定されている各規定の「経過措置」を確認する必要があります。

各規定の経過措置については、前記ⅡからⅩにおいて、各規定の説明とあわせて記載をしていますが、以下では、特に注意が必要な経過措置について説明します。

1．定型約款

新民法の「定型約款」に関する規定は、施行日以降に締結された定型取引に係る契約に適用されるだけでなく、施行日前に締結された定型取引に係る契約にも原則として適用されます。ただし、施行日前に有効であった約款の効力が、施行日後に無効となることはないとされています（附則33条1項）。

このように、定型約款の経過措置は、新民法の経過措置の中でも特殊なルールとなっていますので留意が必要です（詳細はⅡ参照。定型約款の表示に関する実務対応については後記③ 2. 参照）。

2．錯誤

新民法の「錯誤」に関する規定は、施行日前になされた意思表示には適用されないとされています（附則6条1項）。

したがって、保険契約の締結に係る錯誤（たとえば契約者の年齢錯誤等）については、施行日前に契約が締結された場合は旧民法により「無効」となり、施行日以後に契約が締結された場合は新民法により「取消し」の対象となります（詳細は前記Ⅲ2参照）。

3．時効の更新・完成猶予

新民法の「時効の更新」および「時効の完成猶予」に関する規定は、施行日以後にこれらの事由が生じた場合に適用されます（附則10条2項）。そのため、施行日前に旧民法における時効の中断事由や停止事由が生じた場合は、施行日後も時効の中断等の効果は失われません。

したがって、新民法に基づく時効の更新や完成猶予の適用については、施行日以後にこれらの事由が生じたか否かを基準に判断することとなるため、この点を踏まえて適切に時効管理を行う必要があります（詳細は前記Ⅳ3参照）。

4．法定利率／中間利息の控除

新民法の「法定利率」に関する規定は、施行日前に利息が生じた場合の債権に係る法定利率、および施行日前に遅延損害金が生じた場合の法定利率には適用されないこととされています（附則15条1項、17条3項）。そのため、施行日以後に新たに債権について利息が生じた場合、または施行日以後に新たに遅滞の責任を負った場合に、新民法における法定利率のルールが適用されます。

また、新民法の「中間利息の控除」に関する規定、すなわち新たな法定利率に基づいて中間利息の控除を行う旨の規定は、施行日前に生じた損害賠償請求権には適用されないこととされています（附則17条2項）。そのため、施行日以後に損害賠償請求権が発生した場合に、新民法における中間利息の控除のルールが適用されます（詳細は前記Ⅴ2・4参照）。

5. 契約の解除

新民法の「契約の解除」に関する規定は、施行日前に締結された契約の解除には適用されないこととされています（附則32条）。

したがって、新民法における契約の解除に関する規定の適用については、契約の「締結日」が施行日以後であるか否かを基準に判断することになります（詳細は前記Ⅵ参照）。

2 契約の更新・特約の中途付加

上記のとおり、新民法においては規定ごとに経過措置が定められていますが、そのうち、契約の解除の規定のように、契約の「締結日」を基準に新民法の適用の有無が判断される場合、契約の更新（更改）や特約の中途付加がどのように扱われるかが問題となります。同様に、定型約款に関する規定の中には、定型取引を行うことの合意があった場合に関するルールが設けられているものがあり、そこでの「定型取引を行うことの合意」に契約の更新や特約の中途付加が含まれるか否かも問題となります。

この点に関しては、当事者の合意により施行日以後に契約が更新された場合には、更新後の契約には新民法が適用されるとされています[1]。このことは、契約において自動更新の定めが設けられている場合も同様と考えられます。

したがって、保険契約について、新契約時に設定された保険期間が満了し、更新（更改）の合意ないし自動更新条項により施行日以後に保険契約が更新された場合、新民法の適用との関係では、新契約の締結と同様に、更新がされた日を「締結日」として、新民法の適用が判断されることになると考えられます[2]。

同様に、特約の中途付加についても、主契約に旧民法が適用される場合であっても、施行日以後に保障性のある特約が付加された場合には、特約部分の契約には新民法が適用されることになると考えられます[3]。

1）一問一答 383 頁。

2）保険契約の更新と新民法の適用の考え方については、保険法の経過措置の考え方が参考になります（萩本・一問一答保険法 217 頁参照)。

3）なお、この場合でも、主契約の存在が特約の存続の前提であることに変わりはないため、主契約が旧民法に基づいて解除された場合には、特約の解除事由に該当するか否かにかかわらず、主契約の消滅の効果として、特約も当然に消滅することになります。

3 保険会社・共済における主な実務対応

新民法の施行に備えるための実務対応として、各保険会社・各共済団体において行うべき対応は多岐にわたりますが、主なものとしては、以下の項目が挙げられます。

1．保険約款・共済事業規約の改定

新民法において新たに定型約款の規定が設けられたこと（詳細は前記Ⅱ参照）や、それ以外にも、保険約款に個別の規定が設けられている事項に関連する改正点が数多く存在することから、新民法を踏まえて従来の保険約款や事業規約等の内容を見直す必要がないか検討を行うことが必要です。特に、保険約款や事業規約等の改定には行政庁の認可が必要とされており、認可の手続には一定の時間を要するため、保険約款や事業規約等の改定には早急に取り組む必要があります。

保険約款の改定を検討すべき項目は、各保険会社の約款や商品によって異なりますが、主な検討項目としては、以下のようなものが挙げられます。

▶生命保険の場合

①　年齢の錯誤に関する「無効」規定の「取消し」への変更（Ⅲ2参照）
②　契約承諾の意思表示の発信主義への変更の要否（Ⅲ3参照）
③　契約者死亡後の申込みの効力存続に関する規定の要否（Ⅲ5参照）
④　消滅時効の起算点に関する文言の追加（Ⅳ3参照）
⑤　保険金の口座振込みに関する規定の要否（Ⅴ1参照）
⑥　約款の変更に関する規定の追加（Ⅱ参照）
⑦　不当条項に該当するおそれのある規定の修正（Ⅱ参照）
⑧　「当社の定める……」等の規定の修正の要否（Ⅱ参照）

▶損害保険の場合

① 人身傷害保険等における損害額算定基準の修正（Ｖ4参照）
② 消滅時効の起算点に関する規定の修正の要否（Ⅳ3参照）
③ 保険金の口座振込みに関する規定の要否（Ｖ1参照）
④ 約款の変更に関する規定の追加（Ⅱ参照）
⑤ 不当条項に該当するおそれのある規定の修正（Ⅱ参照）
⑥ 「当社の定める……」等の規定の修正の要否（Ⅱ参照）
⑦ 内規の内容を約款に規定化することの要否（Ⅱ参照）

なお、新民法の施行日より前に、改定後の約款・事業規約を用いて契約を締結することが可能かということも問題となりますが、現在多くの保険会社および共済団体で予定されている約款・事業規約の改定内容に照らせば、施行日前であっても、改定後の内容で契約を行うことが可能であると考えられます。

2. 定型約款の表示ルールへの対応

新民法において、新たに契約者から請求があった場合に定型約款の内容を表示する義務を負うことが定められたことから（詳細は前記Ⅱ参照）、保険会社や共済団体は、従来にも増して、契約者から約款の交付（あるいは再交付）を求められたり、また約款の交付を受けていないことを理由に約定の有効性を争われたりする場面が増えることが予想されます。

契約者からの請求にかかわらず、契約の前後において自動的に約款を交付している場合は、民法上、請求者からの請求があっても約款を再交付する義務はなく、実務ではあくまで契約者サービスとして約款の再交付を行っているにすぎないと考えられます。また、仮に約款が契約者に届いていなくても、そのことをもって「請求を拒んだ」ことになるわけではないと考えられるため、保険会社が各契約者から約款の受領書を取り付けるまでの対応が必須とはいえないと思われます。

これに対し、従来、「ご契約のしおり」等において約款の概要のみを契約者に交付し、約款自体の交付を行っていなかった共済団体においては、民法改正の対応として、契約者から請求があった場合は約款や事業規約の交付が確実に行われるように、請求内容の管理を適切に行い、遅滞なく交付ができるようにマニュアル等の整備をしておく必要があると思われます。

なお、前述したとおり、新民法の適用との関係では、保険契約の更新は新契約の締結と同様に扱われる可能性が高いため、新契約時に保険会社が契約者に交付した約款を、更新時に改めて交付する必要があるかということも問題となります。

しかし、新民法はあくまで請求があった場合の表示義務とされていることや定型約款の表示に関する規定の趣旨に照らして、実務的な対応としては、申込書等に約款の内容に変更がなければ更新時に約款を交付することはしない旨を記載したうえで、更新時に一律に約款を再交付することはしないという対応をする（ただし個別に請求があれば交付する）ことも合理的な判断であると思われます。

3. 保険金支払システムの変更

新民法において法定利率が固定制から変動制に変わり、また遅延損害金に適用される利率についても、遅延の責任を負った最初の時点における法定利率と定められたことから（詳細は前記Ⅴ③参照）、遅延損害金の管理のためのシステムを構築することが重要になります。もし仮に、事後になって遅延損害金の支払漏れが発覚した場合には、遡って遅延損害金の支払実績に関する検証を行い、追加払いを行わざるをえなくなる可能性もあるため、新民法のルールに沿ったシステムを構築することが重要であると思われます。その際、「遅滞の責任を負った最初の時点」がいつかを正確に管理することが最も重要であるため、システム開発部門と保険金支払部門とが連携してシステムを構築することが不可欠であると思われます。

また、損害保険に関しては、法定利率の変更に伴い、賠償責任保険における支払保険金の額が変更されることになるため、新民法のルールに沿った損害賠償額の算定が行われるようシステム対応が必要であると考えられます。

4. 遅延損害金の支払日数の管理

新民法において口座振込みによる弁済に関する規定が設けられたことから、口座振込みによる保険金の支払いについては、保険金請求権者の口座への着金日をもって弁済とみなすのが原則となる可能性が高いと考えられます（詳細は前記Ⅳ①参照）。

そこで、いつの時点まで遅延損害金を支払う必要があるかを各保険会社において改めて整理し、必要に応じて送金日ではなく着金日までの遅延損害金を支払う実務に変更したり、あるいは口座振込みの場合の扱いについての規定を約款に設ける等の対応を検討する必要があると思われます。その際には、単にシステム上、支払日数の変更を行うだけでなく、保険金の支払案内や督促通知等のさまざまな帳票類の記載もあわせて検討し、保険金請求権者にも認識できるようにしておくことが重要であると思われます。

5. 保険契約申込書等の帳票類の変更

新民法におけるさまざまなルールの変更に伴い、保険約款の改定による対応だけでなく、帳票類の変更をあわせて検討すべき点があることにも注意が必要です。

たとえば、定型約款の合意に関しては、保険契約申込書等において約款が契約内容となる旨を記載しておくことが必要であり（詳細は前記Ⅱ参照）、また、保険契約の承諾の意思表示について発信主義を採用したいと考えた場合には、その旨を保険契約申込書等において明確に記載しておくことが必要となるなど、法的にみて約款での対応では足りない場面で申込書等の帳票類が重要な役割を果たすことがあります。

また、仮に帳票類の変更が必須でない場面でも、従来の帳票類をそのまま使用していたために、民法改正後の新しい約款や新民法のルールとの間に齟齬が生じ、保険会社にとって思わぬ不利益が生じることもあります（たとえば、保険金請求時の案内書類に、遅延損害金の利率や計算方法に関する誤った記載をしたために、約款や法律の規定よりも多額の遅延損害金を支払わざるをえなくなるといったケースが考えられます）。このような不利益が生じないようにする観点からも、新民法の施行までの間に、帳票類の再チェックを行うことが必要であると考えられます。

6．実務対応マニュアルの変更

新民法において新たに導入されたルールの中には、従来の実務にはない新たなオペレーションが必要なものもあるため、これらに適切に対応するためには、どの部門が、どのような対応を行うか、それをどのように記録化するかなど、具体的なフローを定め、マニュアル等に記載していく必要があると考えられます。

たとえば、新民法における保証のルールでは、代理店委託契約の保証人に対して保険会社から一定の情報提供をする義務が定められているため（詳細は前記Ⅷ2参照）、代理店管理を行う部署が、保証人からの問合せに対して適切に対応できるようにフローを作成しておくことが重要になります。また、新民法における消滅時効のルールでは、協議による完成猶予の規定が設けられ、当事者間の合意による時効の延伸のための厳格なルールが定められ、しかも書面による合意が必要とされたため（詳細は前記Ⅳ3参照）、現場での混乱が生じないよう、社内のマニュアルを修正するとともに、実際に協議による完成猶予を行う際の書式を用意するなど、新民法のルールに沿った適切な時効管理を行うための準備が必要であると考えられます。

ほかにも、前述した定型約款の表示に関するルールに対応するためのマニュアルや、法定利率、中間利息の控除等のルールに関する問合せに適切に対応するためのマニュアルなど、さまざまな場面で新たなオペレーションや説明対応が必要になることを想定し、新民法の施行までの間に、必要に応じてマニュアル等を修正しておくことが重要になります。

7. 代理店委託契約書の見直し

新民法における保証のルールでは、個人根保証契約においては極度額（保証責任の上限額）を定めないと保証契約が無効となるため、代理店委託契約において保証人を設ける際には、代理店委託契約書や保証契約書等に極度額の項目を設け、契約時に金額を定める必要があります。そのうえで、これを現場で適切に運用することができるように、極度額の計算に関するルールを定めること等も必要になります。

もっとも、新民法の施行日前に極度額を定めていなかった保証契約が、施行日以後に無効となるわけではないため、施行日までに現在有効な代理店委託契約をすべて巻き直す必要があるわけではありません。しかし、代理店からそのような再契約の依頼を受けることも想定されますので、施行日前までに代理店委託契約書のひな形を修正しておくとともに、再契約の申入れを受けた場合の対応についても準備しておく必要があると思われます。

8. 民法改正の案内・周知

今回の民法改正は、約120年ぶりの大改正であるとともに、保険契約者等の権利義務に影響を及ぼすさまざまな改正が行われているため、保険会社や共済団体としては、新民法における改正の概要について、ホームページ等において広く保険契約者等に対して案内や周知を行うことが望ましいと考えられます。

特に、定型約款の変更（前記Ⅱ参照）に関しては、既契約の約款も含めて新民法の変更ルールが適用されることとなり、約款に変更規定がなくても、法律に基づいて約款の変更が行われる可能性があります。そのため、このような保険契約者等にとって影響の大きな改正点については、トラブル防止の観点からも、わかりやすく案内や周知を行うことが重要であると思われます。

9. 各種の契約書等の修正

今回の民法改正においては、保険契約以外のさまざまな契約に関する改正も行われているため、保険会社や共済団体においては、一般的な売買契約やサービスの提供に用いる取引基本契約書のひな形、テナントとの間で締結する賃貸借契約書のひな形等の条項を修正する必要がないかについても検討すべきであると思われます。また、既存の契約（たとえばシステム利用契約、ソフトウェア利用契約、ライセンス契約、リース契約、各種の業務委託契約等）についても、取引の相手方から、新民法を踏まえた内容に契約書の条項を修正したいとの申入れを受けたり、契約書の再締結を求められたりする可能性もあるため、このような申入れがあった場合に備えて準備しておくことも必要です。

たとえば、売買契約や請負契約等においては、旧民法における瑕疵担保責任の概念が変わり、新民法では契約不適合責任として売主や請負人の責任が規定されることとなったため、従来の契約書における「瑕疵担保責任」の条項を新民法にあわせて修正することが考えられます（前記Ⅸ2参照）。また、賃貸借契約においては、新民法にあわせて、使用ができなくなった部分の割合に応じて賃料が当然に減額される旨の条項を設けることや、賃借人に帰責性のない事由による損傷について原状回復義務を負わない旨の条項を設けること等が考えられます（前記Ⅸ3参照）。

10. 社内の部門横断的な検討・社内での周知

これまで述べたとおり、新民法のルールは、従来の保険実務を抜本的に変更するものではありませんが、その影響はさまざまな部門に及ぶため、各部門において対応すべき事項があることに加え、契約者等からの問合せに対しても適切に対応できる態勢を構築しておく必要があります。

特に、民法はすべての法律の基礎となる法律であり、その民法が120年ぶりに改正されたことは大きく報道でも取り上げられています。そのため、現場での契約者対応等の場面では、新民法のルールに関連する問合せが増えることが予想され、これに対して不十分な回答をしたことが新たな不満やクレームのもとになることが十分想定されます。新民法の施行に向けて、社内で部門横断的なプロジェクトを立ち上げ、課題の洗い出しを行うとともに、広く社内での周知・教育を実施していくことが重要であると思われます。

▶事項索引

た

な

や

ら

▶編著者紹介

[編 著 者]

嶋寺　基（しまでら・もとい）　Ⅰ・Ⅺ担当

弁護士（弁護士法人大江橋法律事務所パートナー）・ニューヨーク州弁護士

1998年京都大学法学部卒業、2000年司法修習修了（52期）、2005年カリフォルニア大学バークレー校ロースクール修了（LL.M.)、2005年～2006年Pillsbury Winthrop Shaw Pittman LLPロサンゼルスオフィス勤務、2006年～2008年法務省民事局参事官室勤務（保険法の立法を担当）

【主な著書・論文等】

「他保険契約との重複による重大事由解除—保険法施行後の訴訟事例を踏まえて—」『共済と保険の現在と未来（勝野義孝先生古稀記念論文集）』（文眞堂、2019年)、「保険法の下での『保険料不可分の原則』再考」明治商学論議第101巻第2号（2019年)、「保険法の下での告知義務に関する解釈上の問題——質問応答義務への変更等に伴う商法からの解釈の変容」保険学雑誌第643号（2018年)、『自動運転と法』（共著、有斐閣、2018年)、『D&O保険の実務』（共著、商事法務、2017年)、『株主代表訴訟とD&O保険』（共著、金融財政事情研究会、2016年)、「新保険法の下における保険者の解除権——重大事由による解除の適用場面を中心に」『経済社会と法の役割（石川正先生古稀記念論文集)』（商事法務、2013年)、『最新保険事情』（金融財政事情研究会、2011年)、『新しい損害保険の実務—保険法に対応した損害調査実務の解説—』（商事法務、2010年)、『保険法解説——生命保険・傷害疾病定額保険』（共著、有斐閣、2010年)、『一問一答保険法』（共著、商事法務、2009年）

［著　　者］

小森　悠吾（こもり・ゆうご）　Ⅱ担当

弁護士（弁護士法人大江橋法律事務所パートナー）

2004年京都大学法学部卒業、2005年司法修習修了（58期）、2014年ノースウェスタン大学ロースクール修了（LL.M. with Honors）、2014年ノースウェスタン大学ケロッグ経営大学院卒業（Certificate in Business Administration）、2014年～2015年 Winston & Strawn LLP ニューヨークオフィス勤務

【主な著書等】

"Product Recall, Liability and Insurance"（共著、Globe Business Publishing Ltd、2012年）

倉持　大（くらもち・ひろし）　Ⅵ・Ⅶ4担当

弁護士（弁護士法人大江橋法律事務所パートナー）

2004年京都大学法学部卒業、2007年司法修習修了（60期）、2013年～2014年金融庁総務企画局市場課課長補佐、2016年南カリフォルニア大学ロースクール修了（LL.M.）、2016年～2017年 Pillsbury Winthrop Shaw Pittman LLP ニューヨークオフィス勤務

廣瀬　崇史（ひろせ・たかし）　Ⅲ・Ⅸ担当

弁護士（弁護士法人大江橋法律事務所パートナー）・カリフォルニア州弁護士

2006年東京大学教養学部卒業、2007年司法修習修了（60期）、2012年～2013年三井住友銀行勤務、2014年ハーバード大学ロースクール修了（LL.M.）、2014年～2015年 Paul, Weiss, Rifkind, Wharton & Garrison LLP ニューヨークオフィス勤務

【主な著書等】

『特許ライセンス契約の条項解説～改正民法も踏まえて～』（BUSINESS LAWYERS、2018年）

中山　貴博（なかやま・たかひろ）　Ⅳ3・Ⅷ担当

弁護士（弁護士法人大江橋法律事務所アソシエイト）

2009年神戸大学法学部卒業、2011年神戸大学法科大学院修了、2012年司法修習修了（65期）、2019年カリフォルニア大学ロサンゼルス校修了（LL.M.）

阪口　亮（さかぐち・りょう）　Ⅳ1～2・Ⅶ1～3・Ⅹ担当
弁護士（弁護士法人大江橋法律事務所アソシエイト）
2013年九州大学法学部卒業、2015年京都大学法科大学院修了、2016年司法修習修了（69期）

外山　信之介（とやま・しんのすけ）　Ⅴ担当
弁護士（弁護士法人大江橋法律事務所アソシエイト）
2014年東京大学法学部卒業、2016年中央大学法科大学院修了、2017年司法修習修了（70期）

新しい民法と保険実務

編 著 者　嶋 寺　　基

発 行 日　2019年7月14日

発 行 所　株式会社保険毎日新聞社
〒101 - 0032　東京都千代田区岩本町1-4-7
TEL 03 - 3865 - 1401／FAX 03 - 3865 - 1431
URL http://www.homai.co.jp/

発 行 人　森 川 正 晴

カバーデザイン　塚 原 善 亮

印刷・製本　モリモト印刷株式会社

ISBN978 - 4 - 89293 - 422 - 3